陕西高等教育教学改革研究项目“理工类院校学生创新创业教
制研究与方案设计”(17BY084) 成果；陕西省新工科研究与实践项目“新工科人才的创新创业能力培养探索”阶段性成果；陕西省高等教育学会高等教育科学研究项目“思政教育与专业教育融合下的管理学科立德树人模式研究”（XGH17130）阶段性成果。

新时代高校创新创业教育路径研究

王东生　著

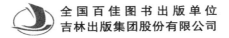

全国百佳图书出版单位
吉林出版集团股份有限公司

图书在版编目（CIP）数据

新时代高校创新创业教育路径研究 / 王东生著 . -- 长春 : 吉林出版集团股份有限公司 , 2021.11

ISBN 978-7-5731-0614-8

Ⅰ . ①新… Ⅱ . ①王… Ⅲ . ①高等学校 – 创造教育 – 研究 – 中国 Ⅳ . ① G640

中国版本图书馆 CIP 数据核字 (2021) 第 242522 号

新时代高校创新创业教育路径研究

作　　者 / 王东生
出 版 人 / 吴文阁
责任编辑 / 朱子玉　杨　帆
责任校对 / 张洪亮
封面设计 / 优盛文化
开　　本 /710mm × 1000mm　1/16
字　　数 /220 千字
印　　张 /12.25
版　　次 /2021 年 11 月第 1 版
印　　次 /2021 年 11 月第 1 次印刷

出　　版 / 吉林出版集团股份有限公司（长春市人民大街4646号）
发　　行 / 吉林音像出版社有限责任公司
地　　址 / 吉林省长春市净月区福祉大路 5788 号出版大厦 A 座 13 层
电　　话 / 0431-81629660
印　　刷 / 定州启航印刷有限公司

ISBN　978-7-5731-0614-8　　　定价 / 59.00 元

前言

preface

习近平在党的十九大报告中强调，在新时代“创新是引领发展的第一动力，是建设现代化经济体系的战略支撑”。2015 年 5 月，国务院办公厅印发了《关于深化高等学校创新创业教育改革的实施意见》，从国家层面对创新创业教育做出了系统设计和全面部署。2018 年，国务院颁发了 10 个有关创新创业的文件和政策法规，这充分表明了我们国家在这个方面的重视。2020 年，《政府工作报告》中提出，“提高科技创新支撑能力，稳定支持基础研究和应用基础研究，引导企业增加研发投入。”诚如有的学者所指出的那样，这是“国家创新创业政策的硬性要求”。因此，无论是现在还是将来，高校都需要创新创业教育。

创新精神与创业能力的培养是一个国家与民族可持续发展的灵魂与综合国力的具体表现，是缓解日益增大的大学毕业生就业压力、提升人才创新精神和创业意识的重要途径。作为多样化创新型人才培养基地的高校，应当与政府、社会各界共同为培养创新创业人才提供有利的政策环境以及资金支持等，全面开辟高校创新创业教育的路径。同时，持续有效地推动高校大学生创新创业教育各方面的改革，发挥高校大学生创新创业教育的重要作用，为社会发展注入强劲动力。不仅如此，随着创业经济的发展和全球竞争态势的加剧，大力发展高校创新创业教育逐渐成为各国的共识。

本书从高校创新创业教育理论阐述入手，详细地对创新创业教育的相关概念理论、内容特点、目标意义等进行了阐述。在此基础上，本书对国内外高校创新创业教育发展基本情况进行了回顾，对国内外高校创新创业教育的特质与不同发展模式进行了总结与概括，并对高校创新创业教育存在的客观问题，如创新创业教育理念缺失、政策支持的执行力度不够、创新创业教育与人才培养体系之间存在脱节、创新创业教育师资力量欠缺等问题进行了进一步分析。此外，本书尝试提出了推动创新创业教育与专业教育融合、建设完备的教师培养机制、搭建严密的实践教学体系、提升绩效评价策略、构建新型创新创业教育模式等具有建设性意义的建议，并对其中的典型案例及其经验教训进行了总结，尝试提出发展路径。本书语言科学严谨，将理论与实践有机结合，适合研究创新创业的人员和学生阅读与参考。

由于笔者水平有限，写作时间仓促，难免会有疏漏之处，敬请各位专家、同行及时提出修改意见及建议，以便进一步修改订正，以臻完善。

目录
contents

第一章　高校创新创业教育理论概述

第一节　创新创业教育相关概念

创新与创业的含义、概念不同，语境、语义有所区别，在不同的时期和领域有着不同的解释。

一、创新和创业的概念

“创新”（bring forth new ideas）的概念涉及经济学、社会学、管理学等多个领域，分类众多。原意包含三个方面：第一，更新；第二，创造新的东西；第三，改变。汉语词典把“创新”的含义解释为“抛开旧的，创造新的”。奥地利经济学家、创新理论的奠基人熊彼特认为，“创新”就是建立一种新的生产函数，也就是把一种新的生产要素和生产条件的“新组合”引入生产体系。它包括五种情况：引进新产品、引入新的生产方法、开辟新的市场、控制原材料或半成品的新来源、建立工业（企业）的新组织。企业家的职能就是要引进“新组合”，实现创新。管理学大师德鲁克在《创新与企业家精神》一书中发展了熊彼特的创新理论，他认为创新是赋予资源以新的创造财富能力的行为。

《辞海》将创业定义为“创立基业”，突出开端的艰难以及过程的开拓与创新意义。刘建钧认为，创业是一种创建企业的过程，或者说是创建企业的活动。他指出，创业活动必然涉及创新，但创新不一定是创业活动。郁义鸿、李志能等人认为，创业是一个发现和捕捉机会并由此创造出新颖的服务或实现其潜在价值的过程。罗天虎认为，创业是个人或群体为了改变现状、造福后人，努力创造和积累财富的艰苦奋斗过程。创业活动具有开拓性、自主性和功利性等基本特征。清华大学学者雷家骕认为，创业是创新的特殊形态。

在理论上，当今学者并没有给创业下一个普遍接受的定义。但梳理之后不难发现，创业有狭义和广义之分：狭义的创业通常指创建一个新的企业；广义的创业一般指创造新事业的过程。

二、创新教育与创业教育的概念

（一）创新教育的概念

目前，世界上关于创新教育的定义主要有两种。其一，创新教育是以培养创新的意识、精神、思维，创造能力或创新人格等创新素质以及培养创新型人才为目的的教育活动。这种定义认为它是一种理念和思想。其二，创新教育是为了使人们能够更好地创新而开展的教育活动，也就是凡以培养人的创新素质、增强人的创新能力为主要目的的各种教育活动都称为创新教育。这种定义认为它是一种能力教育。

（二）创业教育的概念

创业教育由英语中的“enterprise education”翻译而来，是联合国教科文组织在 1989 年“面向 21 世纪教育发展趋势研讨会”上提出的。大会指出，创业教育从广义上讲是为了培养具有开拓性的个人。杨爱杰认为，创业教育就是指培养学生创业意识、素质和创业技能的教育活动，以及教会学生适应社会生存、提高能力和自我创业的方法和途径。经合组织专家柯林·博尔在《学会关心：21 世纪的教育圆桌会议报告》中写道，创业教育通过开发、提高学生创业的基本素质和能力，使学生具备从事创业实践活动必需的知识、精神、能力和心理品质，是未来的人除了学术性和职业性的“教育护照”应该掌握的第三本“教育护照”。

郭丽君等人认为，创业教育包含三层目标：第一层是通过学习了解创业；第二层是通过学习成为具有创业品质、精神和能力的人；第三层是通过学习成为经营企业的创业家。还有部分学者认为，创业教育是一种培养学生从事工商企业活动的综合能力的教育，让学生从单纯的就业求职者成为职业岗位的缔造者，即创业者。此外，创业教育不仅是一种纯粹的、单纯以营利为目的的教育活动，还是渗透于人们生活的一种思维方式和行为理念。曹胜利、雷家骕在《中国大学生创新创业教育发展报告》中指出，创新创业教育与传统教育相比，根本区别是突出了学生创新创业能力的培养，体现了社会经济发展对人才、知识、素质、能力结构的根本性要求。它把成才的选择权交给学生，将成为高校深化教育教学改革的重要教育理念。在这个理念中，创新是灵魂，创业是载体，创新创业是一种实践行为。它强调了事业心与开拓能力的培养。

（三）创新教育与创业教育之间的关系

创新教育与创业教育有着一致的目标，在培养学生的实践能力方面有着相同的价值取向，创业教育侧重人生价值的自我实现，而创新教育注重的是人的素质的提升。创新教育与创业教育交叉、密集、重叠，互相包含。从集合的视角来看，将创新教育与创业教育作为一个整体来研究并加以推进是必然趋势。

三、大学生创新创业教育

在实践中，创新教育与创业教育的共性远远大于其个性，广义而言是高度一致的。作为一种新的教育理念，从知行统一的角度和学生作为行为主体的观点来看，创新教育与创业教育应该是统一的，故应当作为一个统一的范畴进行分析和研究，即创新创业教育。

中南大学学生创新创业指导中心主任杨芳在《创新创业教育方法》一文中认为，大学生创新创业教育是以创造性和创新性为基本内涵，以课程教学与实践活动相结合为主要载体，以开发、提高受教育者综合素质为目标，培养其未来从事创新创业实践活动所必备的意识、人格、知识、思维、能力等的素质教育。这是对素质教育的新认识，而且是具体的、真实的、有针对性的、可操作实施的新认识。

从广义上讲，大学生创新创业教育是关于创造新的伟大事业的一种教育实践活动。从狭义上讲，它是关于创造新的职业工作岗位的一种教学实践活动，是当代大学生走上主动就业、灵活就业、自主创业之路的教育改革活动。

第二节　创新创业教育的理论支撑

一、系统科学理论

“系统”是从贝塔朗菲开始真正具有了明确而科学的定义，并被赋予重要意义。“现代社会和生活的整个领域里都需要按新的方式抽出新的概念、新的观念和范畴，而它们都是以‘系统’概念为中心的。”贝塔朗菲认为，系统是相互联系、相互作用着的诸元素的集或统一体，是处于一定的相互关系中并与环境发生关系的各组成部分的总体。系统论的基本思想方法，就是把所研究和处理的对象当作一个系统，分析系统的结构和功能，研究系统、要素、环境三者之间的相互关系和变动的规律性，并优化系统观点看问题。该理论认为，整体性、层次性、结构性、开放性等是所有系统共同的基本特征。从系统的定义到其基本特征的阐述，我们不难发现系统论的适用范围非常广，因为从系统的角度来看，世界上任何事物都可以看成一个系统，系统是普遍存在的。

在创新创业教育活动中，创新创业教育的外部环境——社区环境和社会环境等是教育者有目的、有计划地选择并引入创新创业教育系统的，实际上是一种“人工”的创业环境，而受教育者结束教育以后真正面对的却是“自然”的创业环境。受教育者从一种“人工”的创业环境进入“自然”的创业环境，从单纯而理想的环境进入复杂而真实的环境，视野立即开阔起来，认知范围迅速扩大，各种性质不同、方向迥异、差异极大的影响物全方位地作用于受教育者，迫使其分析、比较、综合、判断和选择。这一方面对受教育者的心理素质提出了更高要求，另一方面对创新创业教育的外部环境提出了要求，两者之间互相作用，密切联系。另外，创业能否成功决定于创业者自身的素质等内在原因，但外部环境也起着重要的影响作用。因此，创新创业教育是个庞大而复杂的工程，不单单是教育部门的事。创新创业教育能否达到预期效果，不仅需要教育内部各要素之间互相配合，还离不开外部环境的支持，即需要国家、社会、政府通过政策、资金、法律、法规和舆论等的广泛支持来实现。

二、创造力开发理论

创新精神是创业的灵魂与动力。要创业，就要有追求新事物的强烈意识、对新事物的敏感和好奇心、对新事物执着的探究兴趣、追求新发现和新发明的激情、百折不挠的毅力和意志，以及脚踏实地的严谨作风。

创新创业教育，简单说来就是培养创业者的教育。创业者不论是创建新企业，还是在原有企业中采用新战略、开发新产品、开辟新市场、引进新技术或运用新资源，都是不同程度的创新活动，因而创业者首先是创新者，要具有创新的思维和能力。而创新的思维和能力则是个体创造力水平的综合体现。因此，开发人的创造力，是培养和提高高等院校学生创业能力的有效途径。

人类早在两千多年前就开始思考并定义创造的内涵。例如，古希腊的亚里士多德认为创造就是“产生了前所未有的事物”；马克思认为创造是一种实践活动，是人类改造自然的活动，并且人类的创造活动创造了人类自身；《现代汉语词典》对创造的定义是“想出新方法，建立新理论、做出新的成绩或东西”；《辞海》中的定义则是“首创前所未有的事物”；创造学中把创造定义为“人首次产生崭新的精神成果或物质成果的思维与行为的总和”。从以上对创造的定义可以看出，创造注重“新”，发现新事物、建立新理论、提出新观点、想出新方法、产生新产品等都属于创造，而且创造的产品不只是物质的，也可以是精神的。

创造力开发理论是20世纪中期开始在美国、欧洲和日本等推行的一种旨在开发人的创造能力，以创造性地解决所面临的各种政治、社会、经济、科技、文化、环境问题的活动。其重点是培养创造、创新、创业的精神和素质的能力。创造力开发就是开发人创造性地解决问题能力的一种活动，它体现于创新的过程和成果之中。开发创造新常态下高校创新创业教育研究力，是时代的需要，也是市场经济发展的需要。创造力的概念是由美国心理学家吉尔福特率先提出的，他提出了广义的和狭义的创造力概念。从广义上说，创造力包括创造才能、动机和气质特征；从狭义上说，创造力就是创造能力。自此开始，有关创造力的研究急剧增加。目前，心理学界较为一致的看法是，创造力是根据一定的目的和任务，运用一切已知信息，进行主动的思维活动，产生出某种新颖、独特、具有社会或个人价值的产品的品质。这里的产品是指以某种形式存在的物质或思维成果。它既可以是一种新概念、新设想、新理论，又可以是一种新技术、新工艺、新产品。显然，这一定义是根据结果来判断创造力的，其判断标准是“新颖”“独特”和“有价值”。

在很长的一段时间里，人们对创造的本质和方法缺乏深刻的认识，把富于创造力的人称为“天才”，使创造活动蒙上了一层神秘的面纱，被认为是少数人的特权。直到 20 世纪三四十年代创造学兴起，奥斯本等创造学家才用自己的理论和实践揭示了创造活动的基本原理，即创造力是人类与生俱来的一种潜在能力，只不过是每个人在其开发与运用程度上有所差异而已。普通人与天才之间并无不可逾越的鸿沟，创造活动有规律可循，并可被人掌握，创造能力和其他技能一样，是可以通过学习、训练而激发出来，在实践锻炼中不断提高和强化的。创造力的高低虽与天赋有关，但更重要的是决定于后天的培养、训练和实践。

三、人力资本理论

人力资本理论的产生可以追溯到 18 世纪。早在 1776 年，现代经济学的创始人亚当·斯密就在他的代表作《国民财富的性质和原因的研究》一书中指出，个人通过学习所获得的部分知识和技能应视作社会财富的一部分，是社会固定资本的组成部分。然而，在亚当·斯密以后，只有少数经济学家继承了他的思想，大多数人虽然把人（或者说劳动力）与土地、资本并列为生产的要素，但都认为，作为生产要素的人是“非资本的”，仍然将资本这一概念限制在非人力因素方面。直到 20 世纪中叶，随着科技的进步和生产力的高度发展，人力资本在经济增长中的作用越来越重要，一些经济学家才开始对人力资本进行系统的研究。其中，美国的西奥多·舒尔茨是最杰出的代表人物，他在其名著《论人力资本投资》一书中指出，“事实证明，人力资本是社会组织和个人投资的产物，其质量高低完全取决于投资多少”。

所谓人力资本，即指凝聚在劳动者身上的知识、技能及其所表现出来的能力。舒尔茨认为，资本包括人力资本与物力资本两个方面。一则它们具有类似性，都是通过投资形成的；二则又有区别性，人力资本相对物力资本，带有高效性、迟效性、多效性、间接性和易流性等特点，而且人力资本的所有权一般不像物力资本那样可以转让。人力资本是关于人口质量的投资，在其形成的各种途径中，教育是一条最重要的途径。西方大多数专家指出，教育是一种生产性投资，它对经济增长具有举足轻重的作用。这是因为经济增长的关键是提高劳动力质量，进而大大提高劳动生产率，而提高劳动力质量和劳动生产率的主要途径是教育。他们论证说，各国人口、劳动力的先天能力是趋于平衡的、相近的，但后天获得的能力，各国却相差悬殊。各国人口和劳动力质量的差别主要取决于后天能力。这种后天能力主要表现为知识、技能、文化修养、企业精神和创造力等，这一切都是与教育密不可分的。人们通过教育所获得的知识和技能，是资本的一种重要形式。

“创新创业教育”这一概念是联合国教科文组织在 1989 年 11 月于中国北京召开的“面向 21 世纪教育国际研讨会”上由澳大利亚埃利亚德提出的，他认为学习的第三本“护照”就是创新创业教育，它和学术性教育和职业教育具有同等重要的地位，这三种教育培养的能力是一个人在现代社会获得成功的关键。高等院校创新创业教育通过揭示创业的客观规律、创业的特点和本质，介绍创业的基本知识和技能，可以开发和提高学生的创业基本素质，培养学生的事业心、进取心、开拓精神、创新精神和创业技能，使其具有进行从事某项事业、企业、商业规划活动的能力。实践证实，受过良好创新创业教育的大学毕业生，在创业中遇到经营管理风险时，更有能力提高新事业的存活能力，创新创业教育可以弥补创业经验的不足，可以系统地发展该有的创业技能。因此，加强创新创业教育投资，对社会经济发展和个人发展具有重要意义。

第三节　创新创业教育的特点及功能

一、创新创业教育的特点

（一）先进性

创新创业教育是新世纪新兴的教学观念，它的发展时间不长，在我国的发展历史大概有 10 年的时间，甚至在全世界范围内都尚未形成一个成熟健全的教育理论体系，可供参考的教学实践模型也少之又少，因此它的发展还需要我们进一步的探究。创新创业教育着眼于未来，正是因为它的先进性，创新创业教育对将来社会提出了更加严格的需求。其根据建成创新型国家的指导方针，紧紧跟随时代的步伐，是一种具有前瞻性、先进性的新兴教育理念和方式。大学生创新创业教育是在学生原有文化、专业、心理素质基础上进行的创新、创业素质提升教育，丰富了高等教育的内涵，提升了高等教育观念的层次。

（二）系统性

创造一般是指开创，创新在于再创性，而创业是将头脑中的思想、创意、想法变成现实中的事业的系统性过程。创业是创造和创新的过程行业化、系统化，开创出新事业[①]。创新创业教育应当系统化地融汇到教学实践中去。创新教育、素质教育、职业教育与普通教育等其他教育可能包含创新创业教育的相关因素，但都是零散、不完整的，不能起替代作用。创新创业教育是它们的有机整合，是在其基础上进行的个性教育，可以采取结合并渗透的方式进行。

（三）实践性

创新创业教育中的实践活动尤为重要，它能帮助学生切身体会创新创业的过程、知识、方法以及可能遭遇的困难，因此创新创业教育必须摒弃传统机械化的教学方式，注重实践活动的开展。大学生创新创业教育强调通过教育使学生学会生存和处事，在工作中将理论与实践相结合，并能拥有终身学习的观念和能力。因此，重视实践这一特点切合当今国际对人才的需求。

（四）灵活性

创新创业教育没有整齐划一的教学模式，它可以根据不同的时间、情景、地点以及教学对象选择不同的教学手段，它以市场为引导，以提升学生的能力为最终目标，操作的灵活性比较强，可以将成功的创业案例等作为教学的素材，同时应当注意根据不同的教育环境选择不同的教学材料。此外，不同层次的受教育对象的价值观念可能有所不同，在进行教学的时候要注意符合不同学生的学习需求。总的说来，要做到因材施教，以提升学生的创新创业能力为最终目标，在教学过程中灵活多变，摆脱传统教学模式的禁锢，采取可行性强、操作性强且灵活有趣的教学手段。

二、创新创业教育的功能

创新创业教育是一个完整的系统，具备完善的功能。笔者通过归纳概括认为它有以下三个方面的功能：服务社会功能、深化教育改革功能和促进大学生全面发展功能。

---

① 张勇、邱安昌：《三创教育辨义》，《吉林师范大学学报（人文社会科学版）》2004 年第 1 期。

（一）服务社会功能

创新创业教育是一种教育的社会实践活动，对国家加快转变经济发展方式、建设创新型国家起着非常重要的作用。一个国家的创新创业教育水平越高，社会效益和经济效果也就越好；社会的创新创业型人才发展越快，人们的物质文化生活水平也就越高。目前，创新创业无疑表现为经济增长的一个非常重要的积极因素。创新创业教育还有利于化解就业难题，消除社会不稳定因素，建设和谐社会。在我国经济正处于稳定增长的状态下，发展创新创业教育对推进社会稳定、建设人力资源强国显得尤为重要。因此，高校要发挥好创新创业教育职能，使受教育的学生将来成为社会财富的创造者，成为社会发展的有力推动者。

（二）深化教育改革功能

把创新创业教育教学纳入学校改革发展规划，纳入教育教学评估指标，从根本上对传统教育理念进行深层次改革，确立与之相适应的新的人才培养模式，制订专门计划，明确职能部门，改革现有的专业教育和课程体系，对提高人才培养质量，保证高等教育的持续、健康发展起着重要作用。大学生创新创业教育通过树立科学发展观，对开教学内容、教学方法与评价方式进行创新，突破传统教育理念的局限性，重视教育方法的启发性与参与性，使课堂的体验性和开创性得到发挥，不断实现教育功能的跨越式发展，从而培养出具有开拓精神、创新精神和国际竞争力的创新创业型人才。由此，高等教育才能适应市场经济对人才培养规格的要求，适应国家发展战略对知识型、创新型创业人才培养的需要，适应世界高等教育的新趋势，促进教育体制改革与发展。

（三）促进大学生全面发展功能

创新创业教育强调全面开发人的潜能，培养学生创新性的思维方式，培养学生的能力以及技术、社交和管理技能，通过帮助其树立正确的人生观、价值观、世界观从而确定自己的职业目标，获得人生的成功。创新创业教育始终坚持以人为本，坚持面向全体，弘扬人的主体性和自由个性，帮助学生学会处理与他人、集体、社会的关系，并提供一个可以自由翱翔和自我设计的空间，通过完善自身的技能，提高自己的创造力，为未来职业劳动打下良好的基础。而学生通过努力成功创业，可以升华自己的人格，实现自己的理想，证明自己的价值。所以，在创新创业教育学习和实践环境中，大学生既能培养健全人格，又能拓展知识和能力，从而有益于拓展个人素质，促进个人的全面发展。

第四节　创新创业教育的目标及内容

一、创新创业教育的目标

作为继学术教育、职业教育之后的“第三本教育护照”，创新创业教育是世界教育发展的趋势和方向，也是21世纪中国高等教育改革的重点和必然选择，因为它培养的人适应经济社会和世界的发展。其培养目标如下。

（一）培养积极进取的大学生

大学生创新创业教育旨在培养学生健康积极的心态，反对压抑个性的传统教育，变被动灌输为主动学习，促使学生能积极主动适应社会，面对挫折不言败，着眼于培养大学生的责任感，让学生立志成长为对社会有用的人才。

（二）培养具有事业心和开拓能力并终身学习的大学生

大学生创新创业教育旨在培养大学生的事业心与开拓能力，也就是企业家的素养，但并不是让所有的受教育者都成为创业者。它培养学生的创新创业意识、创新创业精神、创新创业能力，并渗透终身学习的理念，从而使学生有了成为开创性的创新创业人才的最大可能。因此，它对经济社会发展和人类进步有着积极重要的意义。

二、创新创业教育的内容

（一）创新创业意识熏陶

创新创业意识是指人对创新创业活动自觉的反映，也就是对创业者行为起到促进和动力作用的个人心理倾向，包含需要、动机、意志等心理成分。需要是源，动机是泉，意志是刃，支配着创新创业者的态度和行为。创业意识是创新创业活动的根本原因。大学生创新创业意识教育属于普及化程度的教育，旨在对学生进行商业扫盲和树立目标，培养学生的创新与创业意识。

（二）创新创业观念教育

创新创业观念属于思想的范畴，是对创新创业的意义、目标以及行为的理解和认识。大学生创新创业观念教育可以帮助学生更新创业观念，避免进入误区，引导学生积极主动地探索和思考毕业后前进的方向并为之做出努力。教育者需要帮助学生更新大学生是“天之骄子”的思想观念，避免“守株待兔”的被动就业误区，避免守业型教育与知识经济时代对人才需求的不适应甚至背道而驰的现象。

（三）创新创业素质提升

国外一位物理学家曾说，现在的问题不是获取知识，重要的是发展思维的能力。素质就是把所学的知识全部忘光所留下来的东西。大学生要迈出创业的第一步，需要具备明显的素质和特点。创新创业素质包含了思想政治素质、道德素质、心理素质以及身体素质等。

（四）创新创业精神激励

本书认为，创新创业精神是创业者在创新创业活动中表现出来的勇于进取、开拓创新、艰苦奋斗、勇担责任、团队精神等品质。高成就者具有自信、进取心、敢为、坚持等特征。要培养学生成为一名成功的创业者或潜在创业者，就要鼓励学生开拓创新，培养学生敢为精神，教会学生自我发展。

（五）创新创业能力强化

创新创业能力在一定程度上可以说是创新创业精神的体现，与先天的性格、气质有关，但主要靠后天的教育和实践来获得，具有较强的综合性和创造性的心理机能。其包含了创新创业认知能力（认知环境、自我和把握机会的能力）、专业职业能力（经营管理，科技运用，分析、解决问题，应变能力等）、社会能力（社会交际和适应能力）等方面。

（六）创新创业知识学习

阿基米德说：“给我一个支点，我就可以撬动地球。”知识就是创新创业的支点。没有或者只有单一知识的人，单凭能力和热血，创业不可能成功，亦不是高素质的人才。创新创业知识一般包含了政策法律方面的知识、创业所需专业知识、经营管理等商业社会知识。比较流行的一种知识结构为“T”型，上横代表知识的高度和广度，下竖代表知识的深度和力度。大学生应当立志做“T”型复合型人才，将来无论是在工作岗位还是在创业领域才能有更好的适应性和成功率。

第五节　高校创新创业教育的意义

当前，我国有了新的发展形势和发展依据，即新时代。新时代对教育的发展有了新的要求，创新创业教育一直是与国家经济的发展、高等教育的改革相适应而产生的一种教育理念和教育形式，它是学生工作的一个重要内容，需要建立教学部等多方力量共同参与的大学生创新创业培养平台。新时代急需创新创业型人才，大学生创新创业教育已经成为培养新时代创新创业型人才、推动国家发展的重要途径。因此，新时代背景下对大学生创新创业教育的研究提升到了新的高度，在此背景下的研究更有现实意义。

一、创新创业教育是新时代建设创新型国家的必要之举

习近平在党的十九大报告中多次提到过去五年我国的创新驱动发展战略，对创新型国家建设成果给予了很大的肯定，强调在新时代“创新是引领发展的第一动力，是建设现代化经济体系的战略支撑”。进入新时代的新征程，在新的历史条件下，我们要想追上并赶超发达国家的发展脚步，科学技术、教育、创新等关键环节都扮演着突出作用。在新时代奋斗目标的引领下，我们要想实现“两个一百年”奋斗目标必然需要创新的助力，而创新必然会有助于解决新时代的社会主要矛盾。

持续有效地推动高校大学生创新创业教育各方面的改革是我国坚持创新驱动发展战略的重要要求。我国现在所处的时期正是非常关键的时期，大学生在创新型国家建设中是非常活跃的，也是非常积极的。大学生积极参与创新创业教育课程和活动，从而培养出新时代发展所需要的创新创业精神、意识以及高素质人才，必然能够为我国实现创新型国家的建成提供强有力的、积极的智力支持和人才保障。

二、创新创业教育是新时代以人民为中心的重要体现

我国社会进入了新时代，这就表示我国经济、政治、文化等各方面的发展都进入了新的发展阶段，也明确了在新时代，人民日益增长的美好生活需要和

不平衡、不充分的发展之间的矛盾是我国社会的主要矛盾，在国家新的发展背景下，新时代坚持对人的全面发展和社会的全面进步的重视。因此，无论是我国小康社会的发展，还是我国国家新征程的发展，都要坚持以人民为主体来进行发展的这一个中心点。

作为我们整个社会普遍关注的难点和热点，大学生的就业问题一直是社会向前发展的制约因素。就业作为民生问题中的重要一环，如果能够发挥出高校大学生创新创业教育的重要作用，提高大学生的实践能力，必然能够为大学生的未来职业发展提供积极的就业引领，它将开创一个“创业带动就业”的全新时代，在为大学生自身解决就业问题的同时，为社会发展注入了强劲动力。加强新时代大学生创新创业教育，改善大学生就业现状是人民对美好生活的向往和需要，是提升人民的幸福感和获得感的重要内容，是以人民为中心的发展思想的重要体现。同时，大学生创新创业教育始终坚持将大学生培养成为全面发展的社会主义接班人，积极有效地推动大学生的综合素质发展，这些都符合新时代的发展目标。

三、创新创业教育是新时代高等教育改革的重要内容

1989 年联合国教科文组织指出，“高等学校必须将创业技能和创业精神作为高等教育的基本目标”，同年，在北京召开的“面向 21 世纪教育国际研讨会”上首次把创新创业教育列为“第三本教育护照”[①]。一直以来，我国坚持主张高等教育要把培养大学生创新能力、实践能力以及创业精神作为关注重点，这把大学生创新创业教育以及高校教育之间的关系阐述得非常清晰。党的十九大报告指出，建设教育强国是中华民族伟大复兴的基础工程，要求发展素质教育，实现高等教育内涵式发展，开启全面建设高等教育强国的新征程[②]。大学生创新创业教育是我国素质教育的典型体现，它紧紧跟随了时代的潮流，充分彰显着时代的特征，使大学生更快、更全面地提高自身综合素质，推动大学生成长成才。新时代，高等教育要有新作为。作为国家创新体系建设的重要组成部分，高校要落实好党的十九大精神，坚持全面深化高等教育改革，建设教育强国。因此，新时代下加强大学生创新创业教育是深化高等教育改革，推进素质教育的应有之义，也是高等教育改革的重要使命。高等教育用大学生创新创业教育

① 童晓玲：《研究型大学创新创业教育体系研究》，博士学位论文，武汉理工大学技术经济及管理专业，2012。

② 刘荣：《美日大学创新创业教育的特点及启示》，《学校党建与思想教育》2017 年第 3 期。

的教学方式来提高人才培养的质量水平，创新、创业、就业有效循环，培养出众多拥有着创新精神、愿意且有勇气加入创新创业行列的高素质的人才，为中国梦的成功实现添砖加瓦，推动我国真正发挥出人才的优势，真正实现人力资源强国。

四、创新创业教育是新时代青年成长成才的新舞台

人才日益成为各个国家间综合实力竞争的核心要素，中国当代青年今天是中国特色社会主义的生力军，明天是中国特色社会主义的接班人，是实现中国梦的坚定力量。在党的十九大报告中，习近平对青年一代寄语：“中华民族伟大复兴的中国梦终将在一代代青年的接力奋斗中变为现实。”在新的发展形势和发展机遇下，推动国家发展和建设的重担落到了中国当代青年的肩上，因此我们要关注新时代青年的发展。我们知道，人的发展最终是要实现人的全面发展，促进青年的全面发展离不开培养青年的创新精神和创业意识。面对社会主义现代化建设的新要求，面对经济社会发展的新形势，我们要对青年进行创新创业教育，用实际行动帮助青年成长成才，使新时代青年在日益激烈的竞争中稳扎稳打，在创新创业中实现全面发展和人生价值，真正深刻体悟到个人对民族、国家、社会的责任。创新创业教育已成为培养新时代青年的重要手段。当代青年已经站在最好的舞台上，创新创业教育将引导青年走在时代前列。

五、创新创业教育是新时代发挥思想政治教育作用的有效途径

“因事而化，因时而进，因势而新”是习近平在全国高校思想政治工作会议上对思想政治教育提出的新要求。高校思想政治教育应当适应新时代的发展要求，秉承着与时俱进的精神，时刻跟上党和国家的脚步，加快拓展思想政治教育的新时代内容，将过去灌输式、说教式的教育方式转变为开放式、参与式的教育方式。新时代大学生创新创业教育一方面更新了思想政治教育的内容，使思想政治教育的实践性不断扩充，另一方面增添了思想政治教育的理论内涵，加快了新时代思想政治教育的创新脚步，符合新时代国家对思想政治教育提出的新要求。同时，思想政治教育具有的导向功能可以为新时代大学生创新创业教育的发展注入力量。我国大学生创新创业教育起步时间比较晚，发展程度极其不完善，创新创业教育的教育理念落后于创新创业教育的实践，所以创新创业教育必须要在思想政治教育的引领下才能不断推动自身的发展，这也非常符合新时代国家对思想政治教育提出的要求——将其贯穿教学全过程，充分发挥

了思想政治教育对创新创业教育的导向作用。反之，大学生创新创业教育也在不断推动思想政治教育的未来发展，可以使思想政治教育在新时代以全新的姿态呈现在高校的教学体系中，使思想政治教育一直保有时代潮流性和时代实践性，使新时代的建设者和接班人的素质得到全面发展。

第二章　高校创新创业教育发展的基本情况

第一节　高校创新创业教育发展历程

一、国外大学生创新创业教育发展现状

（一）美国高校创新创业教育概况

1. 美国高校创新创业教育发展历程

美国是创新创业教育开始最早的国家，至今已有 60 多年的历史，理论研究和实践走在了世界各国的前列。其高校的演进过程是从教学型、研究型到创业型大学的线性发展过程。

1947 年，美国哈佛商学院由 Myces Mace 教授率先设立的“新创企业管理”课程被大多数创业者认为是美国的第一门大学创业学课程，这是创业教育在美国高校开始的标志。美国百森商学院于 1968 年率先在本科教育中开设了创业方向的课程。1971 年，南加州大学设立了创业学硕士学位。大部分美国高校从 20 世纪 80 年代开始纷纷构建创业教育课程体系。截止到 2005 年，美国已有 1 600 多所高等院校开设了 2 200 多门创业课程、40 多种创业教育相关学术刊物以及 100 多个创业教育研究中心。

美国大量的孵化器和科技园、风险投资机构、创新创业培训中心、创业者校友联合会等外部联系网络有效地跨越了传统的学术边界，成为高校与外界保持联系的重要纽带。

美国的创业教育受到重视有一定的历史原因。在 20 世纪 60 年代末，美国

经济发展放缓，经济结构开始逐渐转型，大型企业所能提供的就业岗位不断减少，中小型企业创业者增多以及硅谷地区创业的迅猛发展，使创业教育的需求大大增加，人们也越来越重视创业教育。20 世纪 80 年代，以比尔·盖茨为代表的科技创新的创业者掀起“创业革命”，有力地推动了高校创新创业教育的发展。

美国考夫曼创业领导中心 1999 年的报告显示，在美国有 91% 的人认为创业是一项令人尊敬的工作，每 12 个人中就有一人想开办自己的企业[①]。如今，美国大学生创业比例达 25%，远远高于中国的水平。

2. 美国高校创新创业教育的特点

（1）良好的社会创业文化基础与社会保障体系。在美国，85% 的人口为欧洲移民后裔，现在各国精英也不断涌向美国。美国社会崇尚勇于挑战、敢于冒险，并且强调个人奋斗、机会均等的思想观念，对创新创业接受度非常高，并且允许失败，良好的社会创业文化促进了大学生创新创业行为，极大地推动了高校大学生创新创业教育的发展。

政府非常重视，出台了许多有利于大学生创业的政策和法律文件，保证了创新创业活动的有序进行。比如，简便的新公司申请手续，较低的税率保证，健全的信用制度等。同时，各种创新创业组织机构种类很多，主要有各级各类创业教育中心、创业研究会、企业家协会、创业智囊团等。

金融支持力度大。美国的创业教育资金来源多样，渠道宽广；风险资本市场完善；美国政府设立了专门的国家创业教育基金；成功的企业家会向高校的创业教育中心捐助以支持创业教育的开展；很多公益性基金也会通过提供经费的形式资助创新创业教育活动，如美国的考夫曼创业流动基金中心、国家独立企业联合会等机构通过提供经费支持创业大赛、奖励优秀学生、开发创业课程与实践活动等方式对高校的创业教育提供资金和智力支持。

高校与企业的联系紧密，企业的支持和帮助力度大。比如，庞大的校友关系网是哈佛商学院引以为豪的财富，每年哈佛都会邀请众多在实业界做出突出贡献的著名企业家到校讲学并介绍给学生认识，编织宝贵的创业关系网。

组织与支撑网络强大。比如，美国中小企业管理局可以为准备创业和正在创业的组织与个人提供低收费或者免费的技术支持；大学内部的中小企业发展中心为创业者提供各类咨询，并通过举办研究讨论会为创业活动提供各种服务。

（2）战略性的创新创业教育理念。创新创业教育，与国家经济发展需求

---

① 蔡克勇：《教育发展的新趋势：加强创业教育》，《求是》2001 年第 18 期。

以及国家重视创业型经济发展模式是密切相关的。美国经济的繁荣离不开创业活动的活跃，由此政府深刻意识到了企业家精神的重要性。而通过创新创业教育的实施培养出的创业型人才，更好地适应了社会工作的要求，为国家创造出了巨大的经济价值和社会财富，同时促进了创新创业教育的成功。

美国大学生创新创业教育是高校“为了每一个学生的自由发展”的承诺，目标是为促进学生的多元化发展而服务，并且不单纯是为获得一份工作的“就业式”教育。百森商学院认为，创业教育不是“企业家速成”，它强调要推行适应“创业革命”时代的大学创业教育，不以追求眼前功利为目的，而着眼于为美国大学生“设定创业遗传密码”，以造就“最具革命性的创业一代”为其价值取向①。

（3）完善的创新创业教育研究体系。美国创业教育协会提出，创业是一项终身的学习过程，创业教育是一个涵盖初等教育到高等教育的全方位教育体系。近年来，创业学已成为以美国为代表的发达国家和以印度为代表的发展中国家大学里发展最快的学科领域，尤其是商学院和工程学院。美国的创新创业教育经历了由开始的课程教学到专业教学，再到后来的学位教学的过程；从一开始的片面功利性职业培训到非功利性系统化教学的过程，最终形成了较为完善的创新创业教育研究体系。在美国，其完善的创新创业教育研究体系有以下特点。

①明晰的培养目标。一方面加强学生对企业创建或管理过程的认识理解，另一方面增强学生把创业作为职业选择的意识。

②较完备的学科建制。目前，美国建立了创业学专业，并可授予博士学位。例如，百森商学院每年大约 25% 的本科毕业生被授予创业学学士学位。其他学科，尤其是经济、管理、工程专业体现创业教育思想，专业教育中渗透创业教育，培养学生的创业意识，提高学生创业基本素质。很多大学成立创业中心，有的大学将创新与创业学结合，并入工程专业。

③系统化的课程设置。美国大学根据自身的理念将创新创业定为一个专业或研究方向，建立了完善的各有特色的创新创业教育课程体系和教学计划，课程类型主要分为创业意识类、创业知识类、创业能力素质类以及创业实务操作类四大类。其内容包括创业理论阐述、典型案例分析和仿真模拟演练三大模块。系统化的课程设计为创新创业教育目标的实现和教育理念的落实提供了科学的基础。百森商学院的“创业学”课程体系被誉为美国高校创业教育课程化的基本范式。斯坦福大学课程体系坚持文化教育和职业教育相结合，通过全过程参

① 房欲飞：《大学生创业教育的内涵及实施的意义》，《理工高教研究》2004 年第 4 期。

与帮助学生探讨和处理创新创业过程中遇到的问题。哈佛商学院建立了全世界最完整的资料和案例库，为研究者提供了良好的学习环境和基础。

④卓越的师资队伍。创新创业教育的创新性和创造性决定了它对教师有着更高的要求，而雄厚的师资力量是美国创业型教育成功的关键。美国高校的创新创业师资主要由两部分组成：一是专职教师，此类教师既有丰富的实践经验，又有广博的理论基础，如百森商学院的教授常年行走于众多商人之间，对创业的社会需求和要求有着敏锐的洞察力；二是兼职教师，此类教师来源广泛，可以是创业家、政府官员、风险投资家等，如英特尔前任首席执行官安德鲁·格罗夫自 1991 年担任斯坦福大学的兼职讲师，以亲身经历对学生进行示范教学。此外，很多课程由专职和兼职教师一起给学生授课，以期达到更好的效果。斯坦福大学的《技术创业》和《创业机会识别》就由三名有着丰富实践经验的客座教师共同讲授。

⑤丰富又实用的实践教学。创新创业教育与各种创业实践活动密不可分。在美国，创新创业教育强调“以行动为导向，以经验引导体验”，实践多于规则的讲授。创业教育国际协会通过模拟创业活动指导教师进行创业体验活动，使教师能更有效地指导学生。很多商学院通过模拟创业和第二课堂等形式创造课外实践机会让学生更好地体验创新创业。例如，麻省理工学院的“五万美金商业计划竞赛”影响很大，每年都会产生 5 ～ 6 家新型企业，而在斯坦福大学校园内的创业氛围中，更是催生了 Excite 等公司。据统计，美国最具影响力的 50 家高新技术企业有 23 家源于高校的创业计划大赛。

近年来，美国的一些大学开展“合作教育”，给学生安排了不少于九个月的劳动实践，有的高校甚至把学制延长为五年，以增强学生实践能力。各大高校经常组织创业俱乐部和创业咨询会等活动，如加州大学伯克利分校创业与技术中心通过举办“A. 理查德・牛顿杰出创新认识系列讲座”与业界著名人士探讨各类挑战性的问题，并研究解决方案以提高学生的实践能力。

（4）科学的创新创业教育评价体系。自 20 世纪 90 年代初开始，美国的权威创业专业期刊，如《商业周刊》《企业周刊》《成功》每年都对大学的创业教育进行评估，涉及课程、师生成就、社会影响、创新创业教育项目、毕业生创业情况等各项内容，有力地促进了高校创新创业教育的开展。

（二）英国高校创新创业教育概况

1. 英国高校创新创业教育发展历程

20 世纪 70 年代，石油危机引发的经济危机导致英国的经济一直处于低谷，

20 世纪 80 年代，失业率到达顶峰。同时在 20 世纪 70 年代中期，英国高等教育的理念逐渐发生变化，从培养研究生的知识能力拓展到激发研究生的潜质上来，尤其是政府和企业对高层次人才的需求量加大，高等教育经费的减少，促使学校和企业的联系日渐紧密，并且有了兴建创业园区的办学形式和模式①。这些都为英国创新创业教育的发展奠定了基础，推动了英国创新创业教育前进的步伐。

在英国，创新创业教育开始于 1982 年的“大学生创业”项目，其目的是为了解决高校毕业生就业难的问题，提高就业率，鼓励大学毕业生在当地就业并尝试自主创业。在苏格兰创业基金的赞助下，大学生创业项目于 1982 年在英国斯特林大学启动，通过创业教育讲座，选拔学生进行指导，最后通过考查学生促使其进入创业课程培训班。该项目的动机主要是为了解决就业问题，具有很强的功利性，并以企业家速成为目标，所以理念片面，缺乏动力。后来，随着失业率降低以及创业教育成本的升高，1990 年英国政府停止了该项目。

随着社会的发展，英国逐渐意识到功利性的创新创业教育不能适应时代发展和学生个人的需要。20 世纪 80 年代末，创业教育的目标转向培养创业者的素质和品质，并普及企业成长发展的一般规律。英国政府在 1987 年发起“高等教育创业”计划，宗旨是培养大学生的创业能力，强调一般知识的传授要与工作相关的学习相融合。这算是英国创业教育的正式开端。

1998 年，英国政府启动大学生创业项目，该项目一方面组织大学生进入创业课堂，与创业者面对面交流；另一方面教学生学习创办公司，获得创建企业全过程的体验，受到广泛欢迎。1999 年，英国政府成立英国科学创业中心管理和实施创业教育。20 世纪 90 年代，中小企业的活跃为创业教育的开展提供了实习的基地。进入 21 世纪，英国的创业教育指向创业文化的建设和营造，创业教育在课程、实践、管理机构和资金支持方面都有了长足进步。“创业远见活动”就以培养英国的创业文化、培养青年的创业精神为己任。此活动得到了贸工部下属小企业服务部的赞助和一些财政部大臣的个人捐助，并且参与的组织和人数很多，达 60 万家企业和十几家创业教育组织机构。该运动以创建创业文化为核心，重点发展以下六个方面。一是从基础做起，鼓励青年随时创业。二是支持创业型企业，展示并学习新的商业战略和公司实践。三是促使教育机构和教育系统成为创业经济的驱动力，广泛培养创业技能，教授创业知识。四是与家长保持联系，鼓励学生的创业思想，支持他们去创业。五是积极挖掘激

① 孙剑明、宋子祥：《论国内外创业教育的发展》，《继续教育研究》2011 年第 9 期。

发妇女、少数民族等弱势群体的创业潜能。六是通过创新的方式推动创业活动，先由青年的经验学习带来行为的变化，从而逐步引起深层次的文化变革。

2004 年，英国成立了全国大学生创业委员会，全面负责全国的创业教育。这促进了高校和地区间的联系，为英国的创业教育发展提供决策参考。此外，在英国政府资助下还成立了各种基金，如英国王子基金、新创业奖学金、凤凰基金等。英国王子基金实施的青年创业计划，通过联合企业界和社会力量为青年创业者提供咨询、技术、资金和网络的支持。该计划平均每年资助 5 000 名英国青年创业，创业成功率超过 60%①。如此众多的政策和举措的实施，都为英国高校创新创业教育的日趋成熟打下了坚实的基础。

2. 英国高校创新创业教育的现状

英国高校的创新创业教育历经近 20 年的发展后，在普及程度、课程设置与活动实践等方面都有了很大提高。创业文化氛围趋向宽容，配套设施更加完善。但总体上与美国相比，英国民众在创业机会的把握和不怕失败、敢于冒险的精神上有所欠缺。而且，高校创新创业教育课程设置相对狭窄，多集中于商业课程，社会科学领域欠缺。创新创业教育的地区发展还不均衡，需要进一步改进和完善。

3. 英国高校创新创业教育的特点

（1）良好的政策环境。在英国，主要由四个部门（教育与技能部、贸工部、财政部和首相办公室）制定与创新创业有关的立法和政策。各项政策，如科技创新政策、鼓励中小企业发展的政策、鼓励大学改革与创新教育政策互相协调配合，建立了良好的大学生创新创业的政策环境。英国高等教育创新创业教育的经费主要来源于政府拨款以及被称为“第三条途径”的政府设立的基金会。比如，高等教育创新基金，意在加强校企合作（2001 至 2008 年，高等教育创新基金共开展了三轮资助申请，第三轮创新基金达 2.34 亿英镑）；科学创业挑战基金，致力为创业教育和知识成果转化提供资金；新创业奖学金，致力帮助弱势群体开创事业，走上独立自强的道路；全国科学技术和艺术捐赠基金，支持拔尖人才、促进创新和创造力。

（2）多样的组织模式。英国高校创新创业教育的组织模式分为大学嵌入式模式（在已有的组织中加入创业教育功能）、大学主导式模式（独立的团队与组织）、学院主导协作模式（若干学院共同管理）三类。每个模式各有特点，相比之下，大学主导式的影响力和自主性强，但在进行创业教育时需要综合考

① 石丹林、谌虹：《大学生创业理论与实务》，清华大学出版社，2012。

虑不同学科背景的学生的特点。

（3）专门的管理机构。英国政府拨专款创建了英国科学创业中心（UK-SEK）与全国大学生创业委员会（NCGE，全面负责国内的创业教育）。时任英国科学和出给你信大臣圣伯理勋爵认为，英国科学创业中心是“英国高校改革的催化剂，使高校与企业更相关，而且提高了高校对社会经济增长、就业率和生产率的贡献”。与此同时，中心数量已发展到13个，这些创业中心还与世界各国名校建立了稳固广泛的联系，构建了完整的网络系统。创业中心兼有教学和孵化器的双重作用，促进智力财产的转化，其任务是将创业融入传统的大学教学之中，实现大学文化的改革与创新。它在四个方面开展活动。第一，实施创业教育，将科学和技术专业学生作为主要对象。第二，加强与企业界的联系，促使企业为大学提供资金和咨询指导。第三，支持创办企业，主要支持师生创办知识衍生型企业。第四，鼓励技术向生产力的转化，为大学众多技术的转化提供种子基金、天使资本、创业孵化和创业科技园区的服务等。全国大学生创业委员会加强了对大学生企业家素质的培养，尤其是鼓励大学生自主创业。它的主要任务有三项：一是为高校实施创新创业教育进行理论支持，收集和研究各国高校成功的案例，从而找出普遍性的原则；二是开展创业教育师资培训；三是支持大学生创办企业，可以让学生接受美国大学和企业的专家指导与培训。

（4）全社会参与的创新创业教育文化体系。虽然英国的创新创业文化不如美国浓厚，甚至受一些保守思想影响，创业水平也不如美国高，但是自20世纪80年代以来，在政府主导和社会的支持下，整个社会的创新创业氛围已经较为浓厚。

（5）地方政府以及非政府组织对创新创业活动的大力支持。地方发展局是地方政府为了发展当地经济、它减少地区间和地区内经济社会发展进步不平衡而创建的一个半自治组织，非常重视大学生的创业。其有以下五个目标：推动经济发展和重建；促进就业；提高企业效率和竞争力，提高与就业相关的技能的发展和应用；对可持续发展做出贡献。其由公共资金支持，与高校和其他创业支持组织建立合作伙伴关系，提供各种项目（如威尔士发展局的“青年创业战略”，北爱尔兰发展局开展的“Go for it”运动等），同时为学生提供资金、咨询和指导。此外，英国的很多智库和非政府组织也非常关注高校创业教育。工业与高等教育委员会由大学知名学者和著名企业家组成，致力提升高校和企业界间的交流与合作，帮助大学生增强就业能力和创业能力，培养学生的创新创业精神。英国行业技能委员会与地区发展局也展开了密切合作。企业等组织对创新创业教育支持力度很大。英国的大学自20世纪80年代高等教育改革之后与企业的交流日益密切。企业涉足大学的创新创业活动是一个双赢的过程，学校获得了资金、平台支持和成果转化渠道，企业提升了知名度，培训了员工，同时增添了活力。在英国，有两个具有很大影响力的企业支持大学生创业项目。一个是壳牌技术创业项目，大学生进入中小企业实习，从事管理项目或者技术项目，可以利用暑假八周的集中时间或者一年的零散时间。此项目已经成为全国性的创业教育项目。另一个是壳牌在线。荷兰皇室和壳牌集团建立的壳牌基金会于 2000 年 6 月在三个领域开展了支持工作：可持续性能源项目、青年创业项目以及可持续性发展社团项目。项目由壳牌公司和商业合作者提供资金。首先，它为想创业的青年提供免费的咨询服务，包括顾客、市场、成本、竞争和技能等信息。其次，组织商业计划和创意计划研讨会，帮助创业者解决创业难题。最后，设立了创办企业奖和企业成长挑战奖。

（6）高校自身重视大学生创新创业教育。英国的大学将创业教育明确纳入大学的规划和政策之中，为创新创业教育的开展创造了有益的环境。首先，理念上重视，认同大学生创新创业教育的重要性和担当的责任。其次，高校制定了明晰的奖励制度，并且学生可通过多种渠道获取创业资金。最后，充分发挥大学科技园的作用并重视校友的作用，为学生搭建了良好的教育网络和人际网络。

在英国，创新创业教育课程是一个多元互动的体系，课程开发、教学方法研究、创业研究、师资建设、课外实践活动等形成了一个多元整合体系。第一，高校的创业课程开发实现网络化，实现优势互补、资源共享和有效评估。第二，创业课程与课外课程相融合。第三，创业课程与创业研究相整合。在英国，创业教育课程分为两类，分别是“关于创业”和“为创业”的课程。“关于创业”的课程中 61% 的教师有过商业管理经验，36% 的教师有过创业经历。“为创业”课程中 98% 的教师有过实业管理经验，70% 的教师曾经创立过自己的企业。

4. 英国高校创新创业教育存在的问题

当然，英国高校的创新创业教育在蓬勃发展的同时，也存在一些问题。比如，创新创业教育课程质量有待于提高；师资缺口有待于改善，2009 年英国的创业教育师资面临近 80% 的缺口；高校的创业研究水平有待于提高，2009 年有调查显示，英国 70% 的创业学文章是经验型的，31% 的文章使用的是二手数据，不是实践调查的结果，而且文章的创新性低，导致研究的可信度低。由于高校创新创业教育的成本很高，其创新创业教育的迅速发展面临资金上的挑战和困难。

（三）其他国家高校创新创业教育概况

自从美国人发现了“创业教育”和“创业精神”这个美国经济奇迹的武器之后，世界范围内的大学生创业热潮呈现燎原之势，各国也纷纷将创新创业教育作为培养富有挑战性人才的战略，积极转变观念，改变部署，大力实施创新创业教育计划。现将各国创新创业教育的发展以及先进教育特点和模式综述如下。

1. 日本高校创新创业教育现状

（1）日本高校创新创业教育的发展。20 世纪 90 年代初，日本泡沫经济崩溃后，经济长期萧条迫使日本寻求产业结构调整，由此建立了科技立国的政策，鼓励高校创办研究开发型企业，目前已形成了“官产学联合”模式的国家创新体系。开展创业教育时，政府、产业界和社会从不同方面为创业教育的开展创造条件，体现了整个国家对创业教育的重视。1995 年，日本制定了《科学技术基本法》，极大地促进了日本创业教育的产生和发展。同时，科技立国的政策导向刺激了高校创业企业的涌现与发展，这些企业中 1/3 由教授或学生担任总经理，借助学校的科研力量，科技含量很高，其在取得经济效益的同时，还培养和锻炼了人才。日本高校的创新创业教育是从 20 世纪 90 年代末期发展起来的，其最初的目的是培养学生成为企业家，刺激经济复苏，缓解经济危机带来的就业压力，属于功利性的创业教育。2005 年，日本人口首次出现负增长，同时面临少子、老龄化特征，因此构建基于青年人能力的教育框架和开展系统的创业教育成为摆在日本面前的命题，以应对时代发展的要求。同年的世界竞争力年鉴报告显示，日本创业精神在 60 个国家中排名倒数第二①，这都促使日本将培养富有挑战精神的创新创业型人才作为国家的重要战略。近年来，大学创业教育在日本呈现出高涨的势头。目前，日本的创业教育大体分为三个层次：针对本科学生的创业教育、与行业协会和当地政府合作的创业培训以及针对高中生的创业教育。

（2）日本高校创新创业教育的特点。

①从文化上来看，日本的集体、忠诚意识，不提倡个人主义和冒险等都使其创新创业教育与北美、西欧等国有很大不同，呈现出政府主导、高校和社会辅助的特点。政府作为主力军，出台了一系列鼓励大学生创业的政策措施，如简化新公司申请程序，要求公立银行加大对大学生创业的融资力度，设立创业支援人才确保助成基金，资助创业企业雇佣的专业人才薪资等。日本高校不断

① 李志永：《日本高校创业教育》，浙江教育出版社，2010，第 85 页。

更新教育、研究理念，加强了创业孵化器等基础设施建设，加强了与校友的联系，导入了双师型师资，开设了广泛的创业课程。社会各界处于辅助地位，主要集中于对大学生创业项目的风险投资。企业开始以积极的姿态出现在校园，并提供实习基地。许多中介机构在成果转化为产品的运作中起到了重要的桥梁作用，如技术转移组织促进成果专利化与技术授权，创业辅导机构提供商业层面的支持等，为创业者提供全方位保障。但日本高校主要以课堂讲授为主，充当了教育者的角色，与政府和社会的配合有待加强。

②具有地域性特点。为了活跃经济，实现地域经济的平衡发展，日本采取了内发式的经济发展方式，使地域原有产业和新的发展空间给大学创业教育的开展提供了非常好的“基地”。比如，大阪商业大学的创业教育理念是“培养有创业精神的创新型人才”，大学的发展目标是“为社会做贡献”，其学生有“扎根地方、学习地方、贡献地方”和奉献社会的责任感。

③创新创业教育体系有衔接性。创业教育在日本是一个从小学到大学的连贯体系。从学生一生的创新能力培养出发，在不同的阶段对学生开展不同形式的创业教育，为大学的创业教育打下了良好的基础。同时，日本的大学重视与中小学的校际合作。

④风险企业计划卓有成效。2001 年，日本经济产业省提出 3 年内创设 1 000 个大学生风险企业的计划。在之后的 1 503 家大学风险企业中，学生创办的风险企业为 165 家，比例超过 10%。

2. 印度高校创新创业教育现状

（1）印度高校创新创业教育的发展。早在 1966 年，印度就提出了“自我就业教育”的观念。1986 年，政府在《国家教育政策》中就要求大学应当培养“自我就业所需的态度、知识和技能”。为了有效地解决经济和政治方面的双重压力，印度的大学与外界建立了广泛深入的联系，开始向“功能性的”“以结果为导向的”创业型大学转变。印度目前的高等教育规模仅小于美国和中国，而且印度人在美国硅谷创办的企业最多，34% 的微软雇员是印度人，28% 的 IBM 雇员是印度人。印度培养的大量高校毕业生，一些很容易在大公司找到一份高薪工作，一些却为找到一份工作而发愁。据印度的调查报告称，大量的劳动力处于自我就业或从事临时性工作状态，这都促使印度大学生产生了创新创业的需求。现在，印度高校的学生创业意识渐醒，创业文化初显。比如，印度管理学院将“追逐你的梦想，而非一份工作”作为办学理念；印度政府也通过创建科技园、教育园和企业孵化器的方式推动创业型大学的形成。印度的大学基本上都建立了创业中心，能将师生的科研成果及时地与企业对接，并完成转化。

（2）印度高校创新创业教育的特点。印度的创业教育多以岗位职业教育培训为内涵，以企业家的速成为目标。只有少数大学和机构提供创业教育的专业学历。其特点如下。

①课程开放，师资外化。印度的创业课程是与其他课程整合的。比如，加尔各答管理学院的创业课程设置在管理科目下，一些商学院设置为选修课程，并引入到了课程大纲之中。印度经济发展中有家族企业的特点，因此部分大学的创业课程便迎合了这种特点，为家族企业创新、再创业服务。印度大学的创业类课程由本校教师和访问教授共同负责，分别教授理论和实践部分。师资的外化得益于印度长期以来形成的访问制度。

②理工院校的创业教育明显。印度加尔各答管理学院将课程设置体系化，并引入了辅助课程计划，通过创业项目孵化实践活动来开展创业教育。其创业中心每年都举办亚洲最大的国际商业计划书大赛，培养学生成为未来领导者的创业精神和实战能力。基于此，加尔各答管理学院毕业生的30%都成了创业者。印度理工学院是亚洲著名理工院校之一，校方设立Kanwal Rekhi信息技术学院，密切与工业界互动联系，重视创业教育教学，支持学生创建具有潜在价值的企业，激励学生的创业意识、创新精神和创业活动。

③创业活动与创新结合不够紧密。印度是创业活跃的国家，据GEM观察报告显示，其活跃度排在37个国家的第2位，但与西方国家的机会型、技术型创业不同，印度大学生创业更多的是以生存型创业为主，创新很少。

3. 新加坡高校创新创业教育现状

（1）新加坡高校创新创业教育的发展。新加坡是亚太地区开展创业教育较早的国家，并且走在了亚太地区的前列。作为国家教育体系中的重要内容，创业教育已被纳入其社会和教育研究体系中。在新加坡，创业教育的发展与其经济的发展密不可分。作为一个岛国，新加坡腹地不够广阔，资源少，因此新加坡在1965年独立之初就走上了工业化道路。在20世纪70年代，新加坡经济发展局将年轻人送往美、法、德、日等国培训，进行学徒式的见习。此举措帮助其经济发展由劳动密集型工业过渡到了高附加值的资本、技术密集型和高科技产业。到了20世纪90年代，“全球化”战略成为其新的目标，新加坡开始不断寻找各方资源，创建工业园区，促进了从外部创造经济空间概念的形成，人们也逐渐开始寻找合适的创业机会。1997年的金融风暴让新加坡意识到经济发展不能单靠跨国企业，于是大力扶持和促进本地企业，尤其是中小企业的发展，采取了一系列举措鼓励创业活动，教育界也积极开展创业教育的研究，从而使创业教育得到了飞速发展。

（2）新加坡高校创新创业教育的特点。相对于欧美发达国家，新加坡高校创新创业教育起步较晚，但经历了跨越式发展，有自己的鲜明特色。

①鲜明的教育理念和政策环境。早在1959年，新加坡就确立了“发展实用教育以配合工业化和经济发展的需要”的指导思想，后来又确立了“教育必须配合经济发展”的教育方针，反对脱离国家需要或追求纯学术而盲目发展高等教育。新加坡政府每年拿出至少20亿新币用于创新创业、风险投资和技术转移。新加坡高等教育文献保障系统显示：新加坡经济发展局制定了多项优惠扶持计划以促进创业活动的实施，创造了良好的创业环境。扶持计划包括新公司税务减免计划、企业投资优待计划等。

②国际化的创业教育体系。首先，其课程设置与国际接轨。新加坡的大学为了适应国际化的需要，改革了课程，采取学分制，并不断更新课程设置及内容。例如，新加坡国立大学在国外与印度科学研究院、美国斯坦福大学、宾夕法尼亚大学，中国复旦大学和瑞典皇家理工学院合作创建了五个分院，所开办的学科专业都具有强烈的创新创业特征，这种国际化的跨国办学模式博采众长，融汇创新，形成了具有前瞻性和国际水准的课程体系。其次，教师队伍国际化。新加坡每年需安排教师到世界一流名校深造，培养教师国际化教学水平。同时，严把高校理工学院教师入口关，教师既有企业的锻炼经历，又具有高学历、高技术，在一定程度上解决了双师型教师培养的问题。

③现代化的教学手段和灵活的教学模式。20世纪80年代，教育战略向高等教育转移，经费节节攀升，各种互联网、远程会议、多媒体等高科技的教学手段应用在了创业教育之中。同时，教师的教学采取互动的方式，让学生浸入创业的环境，并突出个性辅导，师生在交流的过程中互相启迪。另外，新加坡高校重视创业实践教学，采取案例分析、角色模拟、企业考察等多种形式，将学生带入创业的环境，并以创新创业计划大赛为契机形成产、学、研一体化的实践平台，让学生的创业理念在实践中不断深化，学以致用。例如，南洋理工大学与新加坡经济发展局联合创办的南洋创业中心，提倡教师、学生、校友以及风险投资人的交流与合作，其培养的学生35%都创办了自己的公司。

二、国内大学生创新创业教育发展历程

自联合国教科文组织在1989年11月首次提出“创业教育”这一概念至今，已有三十多年的时间。我国高等教育于1998年12月对创业教育的理念开始正式回应，教育部制定的《面向21世纪教育振兴行动计划》提出要“加强对教

师和学生的创业教育，鼓励他们自主创办高新技术企业”。清华大学在1998年举办了第一届“清华大学创业计划大赛”，后来各个高校也进行了推广。团中央、科协、全国学联在1999年联合举办了全国第一届“挑战杯”大学生创业大赛，这标志着创新创业教育的理念开始进入我国高校。在2000年的全国高校技术创新大会上，教育部规定大学生（包含硕士、博士）可以保留学籍创办高新技术企业，该政策的出台极大地刺激了大学生的创业激情。教育部于2002年将清华大学、中国人民大学、北京航空航天大学、武汉大学、上海交通大学、西安交通大学、黑龙江大学、南京经济学院以及西北工业大学9所高校定为创业教育试点院校，这昭示我国大学生创新创业教育的正式启动。从此，政府不断出台各项政策，支持和鼓励高校开展创新创业教育和进行大学生创新创业活动。

教育部高教司在2003年举办了“创业教育骨干教师培训班”，邀请澳大利亚创业教育专家Peter Sheldrake来中国讲学，来自全国100多所高校的200多名教师参加了培训学习，促进了中国高等院校创新创业教育的大力开展。团中央、全国青联与国际劳工组织于2005年8月在中国联合开展KAB高校创业教育项目。截至目前，“大学生KAB创业基础”项目已经在全国六百多所高校实施开展。项目官方网站“KAB创业教育网”的建立为高校师生提供了创业信息、实践机会、专家指导和成员交流的平台。

2015年5月，国务院办公厅印发了《关于深化高等学校创新创业教育改革的实施意见》，从国家层面对创新创业教育做出了系统设计和全面部署。各地的教育管理部门和高校也高度重视大学生创新创业教育工作，先后制定了深化创新创业教育改革的具体方案。许多高校将创新创业教育改革纳入学校综合改革方案，成立专门的创业学院推进创业教育工作。

2015年到2018年，国务院颁发了10个有关创新创业的文件和政策法规，这充分表明了我们国家对这方面的重视。最新的文件则是《国务院关于推动创新创业高质量发展打造“双创”升级版的意见》（国发〔2018〕32号）。高校创新创业教育，不仅要坚持、要进行、要发展，还要升级。“创新是引领发展的第一动力，是建设现代化经济体系的战略支撑。”

2020年《政府工作报告》中提出，“提高科技创新支撑能力。稳定支持基础研究和应用基础研究，引导企业增加研发投入”。诚如有的学者所指出的那样，这是“国家创新创业政策的硬性要求”。故而，无论是现在还是将来，高校都需要创新创业教育。

总体来讲，近年来在国家政策指导下，我国的创新创业教育取得了很大的进展。由此可见，我国政府对创新创业教育非常重视，支持力度较大，设定了具体要求，对创新创业工作做了详细部署，并创建了创新创业教育试点单位，在总结经验的基础上，逐步推广创新创业教育，以达到深化高等教育改革的目标。

为了了解我国创新创业教育现状，本书以吉林市 8 所高校为研究对象，针对高校负责创新创业的部门进行访谈，访谈内容有五个维度：创新创业教育基本情况、课程设置情况、师资队伍情况、文化氛围情况、实践教育情况。

（一）创新创业教育基本情况

在中华人民共和国教育部、团中央、就业部门的宏观指导下，吉林市高校通过制定一系列的措施，极大程度上推动了创新创业教育的发展。各大高校普遍重视相关的教育，通过第一课堂和第二课堂相结合的方式加强了对学生的全方位教育，有一些高校也取得了很好的成果。调查中发现，大多数高校以团中央开展第一届创新创业竞赛为起点开始开展创新创业教育，部分高校因自身客观因素开展得较晚。在“是否成立校级创新创业教育领导委员会和工作主体部门”的问题上，个别高校成立了校级层面的领导部门，大多数高校在开展相关工作时是以教务处为主，就业处、团委共同参与。在工作的开展方面，笔者通过访谈高校内相关部门了解到，相关部门多是根据上一级单位的要求完成工作，如各高校的团委根据团中央的要求开展“创青春”“挑战杯”和其他创业竞赛，就业处举办各类招聘会、就业讲座，部门之间沟通相对较少，存在着工作交叉或缺失的现象。笔者在访谈中发现，很多高校反应学校的教育理念跟不上教学改革的进程，在教学过程中还是以灌输式的教学为主，缺少实践教学。

（二）创新创业课程设置情况

20 世纪末，国外的创新创业教育开始被我国熟知，一些成熟的经验也陆续被我国的专家学者研读学习，因此教学资源充分的高校开始尝试开设相关的课程。通过访谈以及结合文献的研究发现，我国目前的高校大多数开设了创新创业课程。一些有相关专业的高校，在课程设置方面也较为成熟。通过访谈笔者发现，目前吉林市的高校创新创业课程类型以选修课为主，开设必修课的学校很少，只有个别设有管理学院、经济学院的综合类院校在课程设置方面较完善，能够开设专业必修课、专业选修课、全校性选修课等形式多样的课程。高校普遍开设了“大学生职业发展与就业指导”课程，这门课程面向大一学生开设，课时一般在 4 课时左右，内容主要引导学生树立正确的就业观，促使大学生理性地规划自身未来的发展。课程内容会涉及创新创业的相关内容，但是内容较少，也不全面。同时，在课程设置方面，大多数高校的课程是借鉴参考一些试点院校，内容上基本属于照搬照抄，很少有院校能够结合学校专业和学校实际情况设置。通过访谈笔者也了解到，有个别院校并没有设置相关课程，只是以第二课堂的形式开展了相关的讲座和研讨，没有系统的课程体系。有一些专业性较强的高校表示，由于专业与创新创业关系不大，所以学校整体上对此项工作重视程度不高，也没有完善课程的设置，没有建立多层次、立体化的课程体系。在访谈中笔者还发现，很多高校没有专用的教材，很多课程以授课教师的课件、PPT 等为主要内容。在教学内容上，很多高校表示开展的宣讲和讲座没有以学生的实际需求为导向，更多考虑的是主讲人的时间安排和学校的教学安排，因此学生反映从中受益较少，不能起到指导他们创业的作用。教学方法还是以教师讲课为主，师生互动的课程安排较少，理论课的内容不一定能够真正地指导学生创新创业。

（三）创新创业师资队伍情况

教师是教育的实施者。创新创业教育通过树立学生的创新思维和意识，进一步引导学生参加创新创业实践，培养社会发展需要的人才。笔者通过访谈和研究文献发现，我国高校目前都配备了创新创业相关的教师，并根据学校的课程安排授课。但在访谈中也发现，很多高校缺少有实战经验的企业管理人员、创业成功人士作为高校创新创业教师力量的补充。有一些学校表示，现有的教师大多数不是创新创业方向的，缺少相关的研究和教学经历，而是高校为了完成上级的任务临时拼凑一些在创新创业方面有部分经验的教师授课，这些教师自身有一些工作任务，只能利用很少的精力和时间做创新创业教育方面的工作。有的高校还表示，为了提高教学的实用性，会外聘一些教师来校授课，但是这部分教师很多都没有授课的经历，授课效果一般。在访谈中，还有部分高校提出，学校针对创新创业教师开展的培训次数少、效果差，大多是派教师外出学习、开会、交流经验，而对学习的效果没有明确的评价标准。有的教师还反映，在教师考核内容上，没有设置针对创新创业教师的标准。他们，不仅要完成日常教学工作，还要指导学生竞赛、指导学生创业，同时为了更好地教学需要到企业参加实战学习，但学校没有将这些工作纳入教师考核标准中来，这就影响了教师的工作积极性。

（四）创新创业文化氛围情况

高校在文化引领方面有着重要的作用和独特的优势。大学生是最能够接受新鲜事物的群体，他们为营造高校的创新创业文化提供了源源不断的动力。目前，我国高校都会在每年的上半年举办形式多样的创新创业类竞赛，有的由教务部门、团委、就业处等承办，而有条件的高校会把相关竞赛交由院系承办。在这种氛围下，学生能够积极参与到创新创业中来。但有的高校由于没有相关的专业等原因，不重视竞赛的作用。这些学校虽然会举办相关竞赛，但是学生的知晓程度较低，参与度也比较低。还有的学校反映，一些形式类似的竞赛开展得过于密集，在 4 ～ 6 月份会举办多场相似的比赛，甚至有的项目会同时报名多个比赛，有的评审教师也会在不同比赛中评审同一个项目。营造校园创新创业氛围的另一个重要方式是举办讲座、开展主题文化活动，因此有些高校成立了创新创业相关的社团，并为社团配备了专业的指导教师。这些举措有效地发挥了第二课堂对第一课堂的补充作用，激发了学生的兴趣，提高了学习的效率。但有的学校反映在举办这些活动时缺少统筹安排，在活动开展的顺序和活动内容上没有连续性，有时候活动开展得十分密集，有时候活动开展得很少。

（五）创新创业实践教育情况

实践基地的建设是大学生创新创业实践教育的重要形式之一，实践基地是锻炼学生能力的有效场所，是学生走向工作岗位的良好途径。通过访谈笔者了解到，大多数高校认为通过实践基地的培育，能够使学生将学习到的理论知识更好地融入实践当中。然而，有的高校认为，学校为了完成上级的任务指标，建设了校内校外的实践基地，但是在基地的具体使用方面缺少管理人员和管理制度，使部分学生不了解实践基地的作用。对于校外实践基地，很多高校将实习单位、就业基地作为了校外实践基地，由于基地和学校沟通较少、企业自身因素等，不能够提供足够的实践岗位。

第二节　高校创新创业教育的模式及特点

一、高校创新创业教育模式

在我国，高等学校的创新创业教育起步较晚，并未形成一个符合当前国情的、完整的、制度化的教育体系和模式。虽然高校创新创业教育理论研究较多，但是大多没有经过实践的检验，所以未能形成具有良好推广性的教育模式，当前还处在多品种零散式的模式当中。随着高校创新创业教育的发展，实践检验的不断增多，目前我国高等院校逐渐形成了三类创新创业教育模式。

第一种以中国人民大学为代表。中国人民大学将素质教育与创新创业教育相结合，以课堂教学为主导开展教育活动，同时将第一、第二课堂相整合。在第一课堂设置创业管理、创业精神、风险投资等创业教育类课程，结合讨论式教学方法，培养学生的创业意识和创业精神，教授学生创业所必需的知识。在第二课堂鼓励学生参与各种社会实践活动，开展创新创业教育讲座，举办各种竞赛和活动，完善学生的综合素质。

第二种以清华大学和上海交通大学为代表，这是一种综合教育模式。它一方面在专业知识的教授过程中融入创新教育和综合素质培育，另一方面由学校为学生创业提供所需的技术咨询和资金。上海交通大学始终突出贯彻三个基点（素质教育、终身教育和创新教育）和三个转变（专才向通才转变、教学向教育转变、传授向学习转变），并以此为指导来确定创新人才培养体系的基本框架和内容。目前，该校独具特色的创新创业教育模式催生了一批大学生创新成果和创业企业。清华大学有很多创新创业教育课程，并且学校以社会实践活动为依托，以创业竞赛活动为载体，广泛实施“创业计划大赛”，还设立了学生“科技创新基金”，全面推动创业教育的进行与开展。

第三种以北京航空航天大学为代表，此模式以提高学生的创业知识和技能为目标，是一种创业技能培训教育。学校成立了创业管理培训学院专门从事创业教育研究，同时设立三百万元的创业基金，对评估后的学生创业计划提供天使种子资金。学校还成立了科技园、科技孵化器以搭建系统化的创新创业教育实践平台入口。

二、高校创新创业教育特点

（一）国外高校创新创业教育特点

1. 战略性的创新创业教育理念

美国大学生的创新创业教育是关于“学生自由发展”的承诺，并非“就业式”教育；英国高校的创新创业教育是为了培养学生的创业技能和精神，并将创业作为未来职业的一种选择；德国提出高校要成为“创业者的熔炉”；新加坡提出“教育必须要配合经济发展”的教育方针。

2. 终身的创新创业教育过程

在很多发达国家，创业教育是终身性的，涵盖了从初等教育到高等教育的全部学习过程，而不只是在高校开展创新创业教育，因此为高校的创新创业教育打下了良好的基础。

3. 完善的创新创业教育体系

在教育过程中，政府、高校、社会为大学生提供了众多的教育资源和便利的条件。比如，政府各项优惠政策措施；高校优秀的师资队伍，系统化的课程设置，丰富的课外实践活动；浓厚的社会创业文化氛围；广泛的资源支持；等等。

（二）国内高校创新创业教育特点

1. 政府更加重视

各级政府大多为高校大学生创新创业制定了良好的政策，鼓励大学生创业，促进了高校创新创业教育的开展。

2. 课程设置初成体系

2012 年 8 月，教育部明确规定将“创业基础”作为高校必修课。一些高校开设了理论、实务以及实践类的各种课程。比如，北京航空航天大学创业管理培训学院有创业管理、创业企业设立及研发等课程；哈尔滨工程大学开设了三类全部课程。与此同时，教材的建设初具规模和水平。此前，创新创业类教材依靠翻译外来教材为主；近几年的教材，国内编写量远高于之前。

3. 教学手段日益丰富

在高校的创新创业课中，教师逐步采取了案例分析、师生互动、角色模拟、实地见习、创业大赛等手段和方式，全面开展创新创业教育。

4. 创新创业教育项目化

清华大学为 MBA 设立了创新创业方向，有多种创新创业项目；中南大学出台了《大学生创新教育计划项目管理办法》；上海交通大学为学生制定了《学生创业手册》；黑龙江大学的学生拥有《创业教育读本》；有的大学还制定了《创新创业教育学分管理办法》。

5. 创新创业教育实践教学、研究机构越来越多

山东大学、西北工业大学、浙江大学等高校都建立了创新创业中心；为配合实践教学，更多的大学建立了创业者协会；厦门大学的埃塞克斯创业教育中心等机构都是高校专门的创新创业教学机构。创新创业研究机构也为创新创业教育的开展提供了智力支持。清华大学、复旦大学等高校建立了创业研究中心、创业教育研究指导中心或是创新与创业研究中心等机构。

第三节　高校创新创业教育现状分析

当前，我国高校大学生创新创业教育还存在一些问题，主要概括为以下八个方面。

一、创新创业教育理念缺失

创新创业教育在我国起步晚，仅仅十几年的历史，还处于探索、摸索和起步阶段，现阶段并没有被社会和高校完全认同和接受；人们对创新创业教育的必要性、重要性和紧迫性的理性认识尚未形成。对一个以公有制为主体的国家来说，作为创业初期形式的个体中小企业蓬勃发展还有很长的路要走；中国长期以来“学而优则仕”的观念深入人心，稳定仍是大多数大学生和家长追求的目标，整个社会的创新创业意识淡薄，氛围不浓厚；现阶段高校的创新创业教育更多的价值取向还是解决目前的大学生就业困难，并没有认为它是一种长期的培养优秀人才的行为，导致创新创业教育内涵和价值的缺失；有的高校仅仅把创新创业教育等同于创业计划大赛等简单的形式，过分注重了比赛成绩的，是功利性的创新创业教育理念；还有的人认为创新创业教育旨在培养经理人而非具有事业心和开拓精神的创业者，导致创业活动停留在了利润与财富创造的功利性层面上，并没有上升到开创事业的理性层面上。

总的来讲，我国现阶段的创新创业教育理念还没有深入人心，创业教育作为大学生应有的“第三本教育证书”的理念还没有被多数学生、教师、学校管理部门所接受。

二、政策支持的执行力度不够

面对国际竞争的日益加剧、时代发展的要求和日益严峻的大学生就业形势，中国政府制定了许多政策支持并鼓励各高校积极开展创新创业教育，同时大力主张、鼓励大学生突破就业瓶颈，实行自主创业，对高校毕业生自主创业者制定了众多的优惠政策。但是鉴于高昂的创新创业教育成本，政府很难给予高校大量的创新创业教育资金支持。许多有利于大学生自主创业的相关政策还缺少具体实施方案，如政府政策要求银行要加大对大学生创业者的投资力度和利率优惠，但是并没有详细规定银行应如何放贷、放贷利率多大等细节问题，因此大学生创业者面临众多门槛，很难从银行贷款。而且，办理创新创业手续的程序相当复杂，开个公司甚至需要盖几十个章，更为突出的问题是工商行政管理的相关条例中存在一些对大学生创业不利的条款。这都影响了高校创新创业教育的开展和大学生创业的成功率。

三、创新创业教育与人才培养体系之间存在脱节

我国当前的创新创业教育大多是课外活动、讲座形式的业余教育活动，主要停留在操作层面和技能层面，并没有融入传统的人才培养体系中，实施过程中基本与学科专业教育脱节。有学者认为，首先，这种认识和实践把创新与创造平庸化为单纯的技巧与操作，从根本上忽略了创新和创业能力的深层次基础；其次，这种局限于操作和技能层面的创新创业教育暗含了一种狭隘认识，也就是无须从根本上对现有的专业教育和课程体系进行改革，只需添加创造学的知识和创业的技能，就可以实现相应的目标；最后，这种认识和实践会把中国的高等教育引向歧途，最终会导致中华民族的创造力与创新能力的枯竭。另外，人的创造性、创新和创业能力并不能像具体的技能和技巧那样传授，它必须通过科学知识和人文知识所内含的文化精神的熏陶才能潜移默化地生成，创业教育应深深地依赖于专业教育，所以改革现有教育体制和教学内容势在必行。

由此可见，创业教育事关高校教育教学系统改革，应该渗透到教学的各个环节，涉及人才培养模式和学生管理体制的改革。

四、创新创业教育学科边缘化，课程体系不完善

目前，在我国高校，创新创业教育并不是主流教育体系的组成部分，它或是包含于技术经济学科，或是企业管理学科，并没有明确的专业定位。

由于学科地位边缘化，大学生创业教育被很多人当成企业家速成教育，就是培养或大或小的“学生老板”，诸如此类“拔苗助长”式的创新创业教育根本不能满足当今经济社会飞速发展对高素质人才的需求。

同时，高校的创新创业课程是零碎的，缺乏作为一门学科的严谨性和系统性。大多没有独立系统的创业课程群，只是属于“职业规划”“就业指导”之

类的系列讲座，而且就连讲座也没有固定的安排与系统的规划。[①]

五、创新创业教育环境有待改善，资本市场支持不力

当前，中国的创新创业环境评价不高，虽然社会开始宣传创新创业的理念，但是引导力度不够；高校中宣扬大学生吃苦耐劳的精神较多，而勇于承担风险、开拓创新的氛围还没有形成；高校管理者和教师对创业者的宽容、尊重和支持不够；风险投资在国内发展虽然很快，但针对学生创业的投资几乎为零。大学生创新创业可利用的外来资本较少。

六、创新创业教育师资力量欠缺

教育师资是创新创业教育课程教学的关键所在。大学生创新创业教育涉及知识较多，综合性和实践性都很强，它的课程以行动为导向，实际经验引导的体验多于传统概念规则的讲授，所以教师应当兼具较高的理论知识和丰富的创业管理经验，这也对教师的教学方法提出了新的要求。

目前开展创新创业教育的高校，教师大多缺乏企业管理和创业的经验，有的只是接受了短期的培训，讲课内容重在理论分析，无法真正培养学生的创业意识和能力。当前，我国创新创业教育的师资力量主要来自学生“就业工作”的行政口和“商业教育”的教学口，或者是高校辅导员。有的高校聘任了一些成功的企业家与创业者担任兼职教师，但是在组织协调、资金支持和制度保障方面存在严重不足，加之聘请的部分企业家、创业者缺乏实际的教学经验，因此教学效果难以达到要求。

七、创新创业教育停留于浅层，缺乏实践环节

在创新创业教育中，创业实践是其高级层次，也是提高创新创业教育实效的基本途径，能全面提升创业者的综合素质。

多数高校资金投入的不足和实践基地的缺乏与薄弱导致教学实践环节基本属于走马观花式的参观活动，阻碍了学生对创业实践的了解与接触，加上教学方式的陈旧，填鸭式、灌输式的教学办法阻碍了学生创造力的发挥和探索求新的激情。

---

① 李小娟：《大学生创业教育现状的追因与反思》，《教育与职业》2008 年第 15 期。

八、创新创业教育范围较窄

目前，我国高校创新创业教育和活动仅使一小部分学生受益，没有较大的教育范围，有较强的精英色彩，大部分学生只能当看客。大学创新创业教育不应只是针对少数有创办企业潜质学生的技能性教育，而应是面向所有学生的综合性教育，可以为所有学生终身可持续发展奠定坚实的基础。

总体来讲，中国创新创业教育的发展还不够成熟，这与我国当前的高等教育水平、社会传统文化观念、经济发展水平、人才培养体系和资本风险意识等有很大的关系，因此我国高校的创新创业教育目前还处于探索和学习阶段，创新创业教育的理论研究也处于萌芽阶段，创新创业教育在各个方面还有很长的路要走。

第三章　高校创新创业教育与专业教育融合实践路径

第一节　高校创新创业教育与专业教育有机融合的理论基础

面对21世纪日新月异的社会经济发展，培养具有创新精神、实践能力的高素质专业人才，是摆在高等学校当前的一个重要使命。而在高等学校开展创新创业教育，是对高等学校人才培养模式的新探索，要体现全员参与，贯穿于教育教学的全过程。

基于现阶段创新创业教育与专业教育从疏离到融合的大趋势，厘清二者在高等教育过程中所属的“文化地带”，重释二者的基本关系，是一个不容忽视的前提性问题。地方院校在开展创新创业教育过程中，应以专业教育为基础，以培养学生的综合素质为价值取向，正确引导学生对创新创业教育的全面认识。在教育教学中，高校要积极探索创新创业教育的模式和途径，加强创新创业教育和专业教育的相互渗透与交融，促进二者的有机融合，并通过社会文化知识的熏陶，提升学生的综合素质。创新创业教育与专业教育有机融合不仅是势所必然，还有其特定的理论基础。

一、重释创新创业教育与专业教育的关系：从疏离到融合

作为一门新兴学科，创新创业教育不仅是提升学生综合素质的重要途径，更是深化高等教育综合改革的关键点。然而，有一些高校的创新创业教育开展

形式比较单一，简单地照搬传统的教学理念、教学模式和教学方法。高校在实施创新创业教育的过程中，往往由于忽视创新创业教育本身实践性比较强的特点，使其与专业课程教育之间的矛盾未能得到有效协调，致使创新创业教育与专业教育的边界过于清晰，二者都是“独在”的状态，忽视彼此的亲缘关系。正是因为二者没有结合，因此影响了创新创业教育的效果，体现为创业成功率低、低端创业（无专业技术含量的创业）等问题。另外，实现二者的有机融合是高等教育人才培养模式改革的必然选择，也是提升就业率、降低高知人群失业率的现实需求。因此，为了提升人才培养质量和提高创新创业教育的实效，高校需要进一步加大改革力度，使其与专业教育深度融合。

专业教育和创新创业教育作为高校的两个有机组成部分，二者相辅相成，缺一不可。虽然在教学内容、教学模式上，创新创业教育与专业教育有所不同，但二者的教育目的是一致的，都是为了培养出适应经济发展所需的高素质人才。由此我们发现，二者之间存在着紧密关联，“创新创业教育并不能与专业教育脱离开，而是应依赖于专业教育。”①二者水乳交融，相互补充。只有有了专业教育的支撑，创新创业教育的开展才会更加顺利。所以，就地方院校而言，必须按照人才培养的目标定位，以及创新创业教育的目标要求，探索有利于专业教育与创新创业教育相融合的路径，通过对专业课程的合理设置调整，寻求到专业课程的创新创业教育资源，进而在教师讲解专业知识的过程中，潜移默化地渗透创新创业知识，提升学生的综合能力。

专业教育与创新创业教育之间是相互作用、相互促进的，前者是后者发展的基础所在，而后者又对前者的改革与完善具有重要的推动作用，两者相辅相成、相互补充。因此，在教育教学过程中，我们要努力实现二者的有机融合，进而为大学生开拓精神和批判性思维的培养，以及实践能力和创业能力的提升提供有利环境，同时为地方院校创新人才培养模式提供强大动力。笔者认为，通过对创新创业教育与专业教育的关系的梳理，对实现二者的深度结合具有重要的意义。

二、创新创业教育与专业教育有机融合之必要与可能

近年来，我国高等教育事业获得长足发展，培养了大批高级专门人才，其中专业教育发挥了重要作用。但是，我们也清楚地看到，当前经济发展对高等

---

① 冯卫梅：《论创新创业教育与专业教育的融合》，《当代教研论丛》2016 年第 4 期。

教育改革提出了新的要求，传统专业教育中应用的教育思想、观念、教学方法以及教学内容，均难以满足市场经济背景下对于大学生就业素质以及创业素质的实际要求。因此，将创新创业教育作为突破口，对高等教育改革进行深化，在专业教育中融入创新创业教育，培养出既掌握一定专业理论知识，又具有实践能力和创新能力的高素质的优秀人才，成为高校的新使命。

（一）创新创业教育与专业教育有机融合的必要性：融合的理论前提

创新创业教育与专业教育的紧密结合是绝大多数从事创新创业教育教学、研究与实践的学者的普遍共识，但当前存在着理论与实践的严重背离。在推进创新创业教育改革过程中，有部分高校仍然停留在为落实文件而开展创新创业工作的状态，创新创业教育与人才培养方案没有很好融合，与专业教育仍然是两张皮。也有很多高校尽管尝试将创新创业教育融入日常教学中，但因课程设置、教学内容、师资数量和师资结构等诸多原因，专业教育和创新创业教育依然处于“疏离”的状态。

1. 高校人才培养模式改革的必然选择

随着高等教育迈入大众化阶段，实现创新创业教育与专业教育的融合，不仅有利于高校强化自身内涵建设，还有利于教育教学质量的提升。[①] 然而，目前我国高等教育依然实施的是以培养学生专业知识与技能为主的教育活动，忽视对学生创造力与想象力的培养。但随着近几年创新创业教育的逐渐普及与推广，高校在人才培养中已取得一定的成效，尤其是在提升学生就业率、指导学生创业等方面发挥出了重要作用。但受课程设置、教学内容、师资配备等多方面的影响，专业教学还没能很好地融入创新创业知识。实践证明，二者的有机融合既是提升学生综合素质的重要举措，更是高校人才培养模式改革的重要抓手。因此，高校应转变传统单一的“重理论轻实践”的教学理念，以社会需求为目的，创新人才培养模式，积极调整课程设置，有效地将创新创业教育的创新能力、实践能力的培养融入专业教育中，使二者关系从“疏离”走向“有机融合”，进一步提高学生的创新与实践能力，为学生的全面发展提供助力。

2. 高校创新创业教育科学发展的必然需求

高校在实施创新创业教育的过程中，应以专业教育为支撑，以培养学生的创业意识与能力为导向，激发学生的创业能量和创业激情，使学生个性发展与

---

① 刘燕华：《创新创业教育与专业教育同步培养模式探讨》，《大连民族大学学报》2016 年第 4 期。

未来职业相协调，促进学生的全面成长。而学生创造能力、创新思维的培养，必须充分考虑学生的学科背景、知识技能和个性特点等。例如，市场营销专业教师在教学中可以适当讲解一些创业典型、创业者组织能力、企业家精神等相关内容，引导学生从所学的专业理论知识出发，加深学生对创业的了解。学生具备扎实的专业理论知识是有效实施创新创业教育的基础。创业创新教育不能脱离专业教育而单独运行，脱离专业教育给学生讲创新创业会显得单薄而无力。

（二）创新创业教育与专业教育有机融合的可行性：融合的客观基础

作为大众创业＼万众创新的生力军，学生不仅要学习和掌握扎实的专业理论知识，还要有分析问题和解决问题的实践能力。由此可见，专业教育和创新创业教育是不矛盾的。二者的有机融合，一方面有利于专业教育水平的提高；另一方面有利于创新创业教育的深入推进。

1. 有利于专业教育水平的提高

教育是一个国家发展的动力所在。目前，我国高等教育存在重理论轻实践的现象，缺乏创新，对学生的能力特别是创造能力重视不够。所以，我们要通过与创新创业教育的有机融合，进一步丰富专业教育的理念、定位，提高教育教学质量，培养出更多的创新创业型高级人才。

2. 有利于创新创业教育的深入推进

高校开展创新创业教育需要以专业教育为依托，并将创新创业教育渗透到各专业的教学活动中，使学生的实践能力、动手能力和创新能力在专业教育中得以充分施展，进一步明确创新创业教育的发展方向。

三、创新创业教育与专业教育有机融合的原则

创新创业教育与专业教育的有机融合需要有一个探索和实践的过程，对二者的有机融合应进行系统设计，遵循适应性、需求导向和循序渐进的原则。高校应善于将学科优势转化为创新创业教育优势，逐步使二者从“疏离”走向“融合”，合力培养学生的开拓能力与创新能力，提升学生的综合素质。

（一）适应性原则

目前，我国高校以专业教育为主，以培养学生掌握扎实的专业基础知识、具备较强的专业能力为目标，教学主要依据专业人才培养方案实施进行。因此，创新创业教育与专业教育的融合，既要考虑专业人才培养方案的复杂性与系统

性，又要考虑创新创业教育的综合性与实践性。高校应遵循适应性原则，在确保专业教学有序实施的前提下有效融入创新创业教育，从培养目标、课程设计、学分要求以及实践性教学活动等方面将创新创业教育融入专业人才培养方案中，在专业教学过程中发挥出创新创业教育的实践作用，培养学生的综合素质与能力，不断提高人才培养质量。

二者在有机融合的过程中应遵循适应性原则，做好三个方面的融合：一是创新创业教育与专业人才培养方案的融合，将创新创业教育理念融入专业人才培养目标中，包括课程性质和学分设置等；二是创新创业教育课程与专业课程的融合，这也是二者融合的“核心”所在，包括课程安排、课程内容以及教师的选择等；三是创新创业教育与专业实训的融合，要充分考虑到创新创业教育所具有的实践性，包括校内外实践平台的构建，实践教学课程计划、安排等。

（二）需求导向原则

受传统教学理念的影响，我国高等教育多以知识的传授为中心，忽视对学生主观能动性、创造力和想象力的培养，难以满足当前经济发展对人才的要求与需求。而创新创业教育是以培养学生的能力素质、思维品质为价值取向，使其与专业教育相结合，有利于启发学生的探究性，促进学生的全面成长。由此可见，创新创业教育是专业教育的深化，对专业教育的作用是巨大的，可以有效促进专业教育的发展和创新。

专业教育和创新创业教育作为高等教育不可或缺的两个组成部分，二者对培养既具备扎实专业理论知识，又具有开拓精神和创新能力的高素质人才发挥着重要作用。因此，高校应遵循需求导向原则，从创新创业教育与专业教育互补的角度出发，促进二者的有机融合。一方面，要在高校寻求改革突破口的需求下，调整人才培养模式，在专业教学中充分、合理地融入创新教育，处理好学生专业理论知识与实践能力培养之间的关系，有效提升教学质量；另一方面，要在经济发展对人才需求的转变背景下，把培养学生的开拓和勇于创新的精神与专业教育有机结合，使创新创业教育能够落地生根，合力提升学生的综合素质。

（三）循序渐进原则

在全面深化高等教育教学改革的背景下，促进创新创业教育与专业教育的有机融合既是高等学校提升人才培养质量的内在需求，又是新发展理念下推进高等学校综合改革的重要举措。人才培养需要遵循人才成长规律，创新创业教育也不例外。因此，二者的有机融合不是一蹴而就的，相反，应该是一个不断探索与实践的过程。高校应遵循循序渐进原则，突破传统观念和惯性思维，进一步改革创新，以回应深化高校人才培养改革的现实需要，使学生的创业激情和创造能力竞相迸发。

四、马克思教育理论视域下的创新创业教育与专业教育

（一）人的全面发展理论与创新创业教育和专业教育

1. 人的全面发展理论是马克思教育理论的基本观点

马克思对资本主义社会存在的“异化”现象的批判本质上是对资本主义社会这所“大学”对人的塑造的批判。而造成人的“异化”的原因就是所有制不同的基础上人类生产的分工。这种不正义的分工体系给资产阶级提供了丰厚的物质条件，可以为他们培养多方面的兴趣和能力提供条件，而被压迫的工人阶级则挣扎在温饱线上，过着贫困、沉闷、单调的生活。这种社会不正义同样深刻地渗透到现代资本主义国家的学校教育里面去了。资产阶级的孩子享受的是贵族式教育，他们饱受艺术、音乐、哲学、体育、管理等多种高雅的文艺的熏陶，为培养多方面的技能和独特的个性创造了条件。而工人阶级的孩子则在简陋的学校中接受基本的语言、算术和技能训练，为成为一个合格的技术工人而努力奋斗。在马克思看来，这种源自社会不正义的分工，在教育系统中得到了最彻底的展现。这种立足于财产所有制的“异化”导致的整个代际遗传之间的“异化”乃是最大的不正义。

正是基于此，马克思提出了培养“新人”的设想，即摆脱基于财产不平等的个人的自由而全面发展。这种思想一直在马克思对资本主义的批判中潜滋暗长。马克思关于人的全面发展思想的萌芽在《1844 年经济学哲学手稿》中已经出现。在手稿中，马克思指出，共产主义是人的自我异化的积极的扬弃，它是人向自己、向作为社会的人即合乎人的本性的人的自身的复归，这种完全的、彻底的复归，是在以往发展的全部的财富范围内生成的。马克思所表达的共产主义作为完成了的自然主义，等同于人道主义；而作为完成了的人道主义，等同于自然主义。如果说马克思在此提出的“合乎人的本性的人的自身的复归”这一说法还存在抽象的人本主义思想痕迹的话，那么他进一步表达关于人的全面发展的思想，是在《德意志意识形态》中对“个人全面发展”概念进行了具体阐释。后来，这一思想又在《共产党宣言》中被标示出来，表明共产主义者的理想目标就是实现人的全面发展，这一重要论述为进一步丰富和完善马克思关于人的全面发展思想奠定了坚实基础。

这种探索贯穿了马克思的一生，而《政治经济学批判大纲》和《资本论》的问世意味着马克思立足于现代经济发展的规律，找到了人类从“以物的依赖性为基础的人的独立性”的资本主义现代化时代转向“以人的自由而全面发展”的共产主义社会发展规律，它标志着人的全面发展思想更加成熟。

总而言之，马克思所表达的人的自由而全面的发展，是指作为社会存在物的个体的全面发展，是社会生活中每一个人即全体社会成员都普遍得到发展。每个人自由而全面发展的思想是马克思主义及其教育理论的核心和实质。这种指导思想，自中华人民共和国成立以来就成为社会主义教育事业发展的理论指南，并且随着社会形势的变化而不断得到推进。

2. 人的全面发展理论与创新创业教育的关系

“创新创业教育是素质教育在市场经济条件下向纵深发展的时代体现，是以‘创新、创造、创业’为核心的素质教育成为可能的现实追求。”① 它与马克思的人的全面发展理论存在一致性。马克思所表达的全面发展的人作为社会存在物是在复杂的社会交往中表现生命个体，能够在不同的活动范围参与社会生活，能够利用相互交替的活动方式表现不同的社会职能，能够自由支配自己的时间和行为，能够获得更加丰富的物质财富和精神资料，是真正意义上的人的全面发展。因此，全面发展的人与“创新创业教育培养的人”有许多相同特征。“实施创新创业教育是实现人的全面发展的现实途径，人的全面发展是对创新创业教育的多维度规定。”②

随着我国工业化的进一步深入发展和即将到来的以信息化、智能化和自动化为代表的新科技革命，专业化教育越来越表现出其局限性。因此，立足于社会发展的现实基础之上，培养出既有专业素养又有创新能力的全面发展型人才就成为学校教育的发展趋势。它内在地要求学校跳出自己的小圈子，通过与政府、市场以及其他社会团体的积极沟通和资源整合，建立和完善学生的全面发展体系，为学生的全面发展创造更加广阔的空间。

同样，高校应积极探索创新创业教育与专业教育有机融合模式，一方面是适应我国当前经济发展对人才培养的内在需求；另一方面是对于马克思的人的全面发展思想在当前形势下的落实。这种结合的思路本身就是在思想与现实张力之下的探索，这种探索主要以人的全面发展的体系的建立和完善为着眼点。

3. 人的全面发展理论对创新创业教育与专业教育有机融合的指导意义

---

① 李志义：《创新创业教育之我见》，《中国大学教学》2014 年第 4 期。

② 宋淑瑾：《人的全面发展理论与创新教育的关系探析》，《理论观察》2013 年第 2 期。

人的全面发展理论是马克思主义教育思想的重要组成部分，也为人的塑造、人的培养、人的教育和人的建设提供了理论基础和价值依据。研究马克思的人的全面发展理论，无论是对深入理解马克思的教育理论，还是指导创新创业教育与专业教育有机融合都具有积极的指导意义。这种指导意义体现在以下几个方面。

其一，人的全面发展应成为高校培养人才的核心理念。人的全面发展理论作为马克思主义理论的核心内容和根本的价值目标，不仅是高等学校科学制定教育目标的重要理论依据，还提供了方法论的指导。高等教育不仅要坚持对学生进行专业知识的传授，更重要的是注重能力的培养。高校在专业教育基础上，充分发掘创新创业教育教学内容，将二者有机融合起来，贴近学生生活实际，对提高创新创业教育的教学实效性、促进人的全面发展尤为重要。

其二，促进人的全面发展应该积极构建多种平台和体系。促进人的自由而全面发展不是一句空话。一方面，它要求学校在落实这一理念的时候，结合各种资源为学生的全面发展提供多样化的平台，满足学生差异性的要求。另一方面，学生全面发展的体系建设内在地要求学校培养学生多方面的能力，它是专业教育由单一走向多元的必然要求。人，只有走出单一的“偏才”的状态，走向全面的“全才”状态，才是具有创新型的人才。而这种创新型人才的培养则需要学校立足于现实整合多方面的资源，构建多样性的育人体系。

其三，促进人的全面发展应该持续推动不同教育方式的融合与创新。构建人的全面发展的体系既不是一蹴而就的，又不是一劳永逸的。随着社会的进步和科技的发展，学校教育不得不进一步适应“社会化”的压力。推进创新创业教育与专业教育有机结合的探索，本身就是对高校“社会化”的一种探索。而且，随着社会的发展，这种结合模式的探索也必将进一步深化。这就内在地要求这种结合的人才培养体系进一步发展、进一步深化、进一步探索，在社会发展与坚持理念之间保持一种动态的平衡。

（二）综合技术教育理论与创新创业教育和专业教育

综合技术教育可以看作是创新创业教育与专业教育有机融合的理论基础之一。“综合技术教育”思想较早由裴斯泰洛齐提出，他强调要把综合技术教育作为培养全面发展的人的重要方法之一，表明只有经历过综合技术教育才能适应变化的劳动条件。19 世纪初叶，空想社会主义思想家欧文提出了教育与生产劳动相结合以及综合技术教育思想。马克思和恩格斯以及后来的列宁，都把教育作为社会发展的重要问题来看待，综合技术教育也是其中之一。马克思在《临时中央委员会就若干问题给代表的指示》中指出，“技术教育要使儿童和少年了解生产各个过程的基本原理，同时使他们获得运用各种生产的最简单的工具的技能”。后来又在《资本论》中多次论述综合技术教育，他也把这种教育简称为技术教育。人的全面发展的理论以及综合技术教育理论就是从这里被引申出，进而又在论述教育与生产劳动相结合的命题时把技术教育摆在突出位置。

综合技术教育通俗地讲就是使青少年在掌握生产过程原理的同时，会运用一些简单的生产工具进行生产，在获得了一般的劳动技能的同时，能在劳动过程的社会意义中理解生产劳动的原理，培养青少年在生产劳动过程中把理论与实际联系起来，并在此基础上理解一定现象之间的相互关系的能力。马克思认为，工人阶级在掌握政权以后，理论与实践相结合的技术教育将会在工人学校中占据重要的位置，而在现代社会高校的发展中，理论与实践相结合的综合技术教育仍占有重要地位，将创新创业教育与专业教育有机融合就是综合技术教育在高校中的具体体现。

在教育学生的过程中，综合技术教育要求学生深刻理解现代科学的基本原理在生产劳动过程中的实际应用，把生产劳动的专业知识具体化，抽象的理论实际化，在提高学习科学知识积极性的基础上既掌握知识又开发智力。在现代社会的高校中，教育教学同样要求用专业知识指导学生实践，培养学生的实践能力以及创新创业精神，提升学生的创造能力。因此，创新创业教育在高校的人才培养中发挥着重要作用。马克思所强调的综合技术教育要求学生智力和体力得到综合发展，这在现代高校的教育教学中不再是简单的理论知识指导生产实践，而是通过专业知识的理论，结合专业知识的背景，将创新创业的理念以及方法融入专业知识的教学中，培养具有创新精神和实践能力的专业化人才，使学生具有创新精神和创业意识，从而在理解专业知识的基础上具备适应社会发展所需要的创新创业能力。创新创业教育与专业教育的有机融合正是对马克思综合技术教育理念的延伸与发展。

第二节　高校创新创业教育与专业教育有机融合现存问题

一、创新创业教育的模糊“身份”：毕业服务、学生工作抑或专业教育的补充

师生对创新创业教育“身份”的认识很模糊，处于自发和混沌的认知状态。一些师生认为，创新创业教育是高校的“毕业服务工作”，可以缓解就业压力。毋庸置疑，随着创新创业教育改革的不断深入，创新创业教育在推动学生就业以及创业指导方面发挥的重要作用不容忽视。但是，若教师与学生对创新创业教育产生错误的认识，认为其只是为了缓解学生就业压力，停留在以创业促就业等狭隘的认识上，显然忽视了创新创业教育的真正价值。

一些师生认为，创新创业教育属于学生工作的范畴。从学生工作的范畴来看，创新创业教育确实属于学生工作不可或缺的组成部分，但它同时属于学校的教育教学工作。学校师生存在这种认识的原因有两个方面。一方面，学校的创新创业教育主要由学生处、招生就业处、团委等学生工作部门牵头实施；另一方面，创新创业教育打破了传统课堂教学的架构，大多是在实践中以创业比赛、创业讲座、孵化创业等活动形式呈现给学生。在这种氛围中，师生对创新创业教育产生了错误的理解与定位。

还有一部分人认为，创新创业教育是课外实践活动，是专业教学的补充，在实践中辅助专业教学或学习，片面地将创新创业教育定义为游离于第一课堂之外的实践课程。

由此可见，当前的创新创业教育存在着“身份”模糊的现象，在实践中缺乏清晰明确的教育定位。虽然学校极力倡导创新创业教育和专业教育的融合，并付诸了实践，但创新创业教育与专业教育之间的联结在实践中仍受到忽视。

二、“独在”“自在”的创新创业教育未建立与专业教育的亲缘关系

目前，创新创业教育和专业教育二者之间的关系仍然处于“各行其是”的状态。无论是课程设置、师资，还是教学管理，都未为二者融合提供助力。在课程设置方面，依然未能给予创新创业教育应有的重视，只是将其视为选修课，或者是实践类课程，并没有将创新创业教育作为主流教学体系的组成部分，创新创业教育仍处于“独在”“自在”的尴尬境地。在调查中，受访教师认为，在当前的高校教学中，专业教育是培养学生的主要途径，是教学的“主要领地”；而创新创业教育是新兴的教育形式，是为学生更好地就业而开辟的教育新形式。它是以培育在校学生的批判性思维和解决问题的能力，以提升学生的创业意识与能力为主的教育，是服务于学生就业的教育，是提升高校就业率的重要手段。调查结果显示，专业教师没能将开拓精神、创新创业意识与能力的培养融入课堂教学中，大多数教师对创新创业教育产生了错误的认知，认为其只是专业教育的辅助。有一部分学生认为高校开展创新创业教育，与其所学的专业关联不大。他们认为创新创业教育只是针对那些打算创业的学生，与自己所学的专业没有关系，从而在学习过程中未能对创新创业教育产生重视。

实质上，创新创业教育与专业教育是相辅相成的，二者作为高等教育的重要组成部分，对提升教学质量都具有重要作用。然而，目前高校在课程设置、师资、教学管理上还没有厘清二者之间的关系，以至无法实现二者的真正融合。

三、创新创业教育与专业教育的融合尚缺少合格的师资配套

作为教学活动的执行者，教师直接关系着整个教育活动的结果。然而，创新创业教育所具有的综合性，需要教师能将多个学科、多种能力和多样技术融合起来。从调研来看，创新创业教育对教师综合素质要求较高与创新创业教育师资队伍力量薄弱之间的矛盾已经显现，已经制约了创新创业教育质量的提高。当前，地方院校不管是专职还是兼职的创新创业教育师资队伍，具有较强创业理论知识或有创业经验的非常少，他们缺少企业运行、经营、管理的实际经验。问卷的调查结果显示，多数教师认为，目前承担创新创业教育的教师大多是从行政或思想政治教育队伍中挑选出，经过短期培训转行而来的，缺乏系统性的专业知识。创新创业教育具有较强的实践性，需要教师在掌握丰富的理论知识

的前提下，掌握一定的创业经验，但在实际中，很少有教师可以达到这一要求。专业师资队伍的缺失，导致无法对学生进行创新创业方面的实际指导。

从本质上看，创新创业教育是一种实践性很强的活动。照本宣科式的讲课方法很难达到创新创业教育的教育目标，更不能满足学生的个性需求。在教学中，教师不仅需要系统性地传授专业知识，还要具有一定的实践经验，以专业教学为基础，逐渐将创业知识、技能以及创新思维融入进去，使二者能够有机融合。

在教师方面，多数学生希望教师具备丰富的实践经验。然而，目前地方院校专业教师都是应试教育体制培养出来的，他们共同的软肋是专业实践能力缺乏。他们在学校的学习过程中，更多地注重专业理论知识的学习，很少有实践能力的锻炼时间，缺乏一线实践经历。如果没有一支既有专业理论知识又有实践能力的教师队伍，学生就不可能全面地接受创新创业教育，创新创业教育与专业教育的有机融合也很难提升实效。

四、课程设置中实践环节存在缺口和不足，实践教育资源短缺

从本质上看，创新创业教育与专业教育有机融合的课程体系是指在专业教学开展时，将创新创业教育的内容融入进去，从而转变以往传统守旧的创新创业教育方法，使学生能够在专业知识的学习过程中，培养其创新创业能力。二者融合的课程体系的设置，绝不是开设几门课程就能解决问题的，涉及教学内容、教学手段、教材等多种因素的统筹，甚至涉及地方院校人才培养目标的深层次问题。问卷调查结果显示，多数教师认为，学校基本做到了创新创业教育贯穿于人才培养的全过程。创新创业课程内容多以经营管理、创业基础、就业创业指导为主，以公共必修课形式教授，使学生能够学到基本的创业知识。

二者有机融合的课程体系，不仅需要和地方高校的人才培养目标相融合，还需要与专业的人才培养方案相融合。为了解现状，笔者对三名大三学生进行了访谈，当问到“觉得在学校所接受的创新创业教育对就业创业是否有帮助”时，其中有一位学生是这样回答的：“非常有帮助！创新创业教育培养了我独立思考能力，同时提升了我分析问题、解决问题的能力，作用非常大。”但当被问到创新创业教育是否与你所学的专业融合在一起的时候，大家表示暂时还没有。对创新创业教育来说，我们可以将其看作专业教育的深化，高校需要在开展专业课程的基础上，逐渐将创新创业教育融入进来。“在课堂教学中培养学生的创新素质、熏陶学生形成创新思维，使创新意识、创新精神和创造能力融入学

生的个性发展中。”[①] 地方院校教学的实施主体是二级教学学院，然而目前各二级教学学院还没有将创新创业教育融入专业的人才培养方案中，未能形成具有专业特色的创新创业教育体系，使创新创业教育处于尴尬境地。

在课程内容方面，目前一些地方院校的创新创业教育课程更多地倾向于就业创业指导课程，甚至有些课程只是请校外专家或成功创业者做成功学报告或讲座，开设的创新创业课程之间不具有严谨的逻辑结构，没有形成一套比较齐全的创新创业教育课程体系。问卷调查结果显示，大多数学生认为，目前学校开设的创新创业教育课程有待进一步改善。显然，目前的课程设置还不能满足学生的现实需求。而对于课程内容的期待，一方面，大多数师生普遍认为学校在创新创业教育课程中应该更多地设置一些关于创业方向选择方面的课程。我们从中可以看出，学生对创业充满了渴望，但对创业知识的了解却十分有限。另一方面，学生希望有更多的参加实训实践学习的机会。从中不难发现，学生想在专业学习的过程中获取更多的创业知识，在实践中了解更多的创新创业内涵，进而巩固专业知识。可以说，优化创新创业教育与专业教育的课程体系既是学校人才培养改革的需求，又是促进二者有机融合的关键因素。

五、尚需搭建创新创业教育与专业教育有机融合的实践平台

搭建创新创业教育与专业教育有机融合的实践平台，可以让学生发挥专业优势，在实践中获取更多的创业经验，同时有利于学生批判性思维与解决问题能力的培养，促进学生的全面成才。所以，在校期间，学生应积极主动地参与创业相关的各项活动，如参加大学生创业大赛，参观创业企业、创业孵化基地等。调查结果显示，在开展创新创业教育过程中，学生参观创业企业或参加创业企业的实习项目的机会较少，而且参观的形式比较单一，有的师生甚至不知道学校的创业孵化基地。事实证明，通过参加社会实践，学生可以近距离地接触创业孵化器，亲身感受创业，加强对创业团队的了解，逐渐提升学生的实际创新能力，同时有利于学生将所学的专业知识转化为能力。

① 夏德峰：《创新创业教育嵌入专业教育的理论依据及实施路径》，《河南教育（高教）》2016 年第 8 期。

第三节　地方高校创新创业教育与专业教育有机融合的实践策略

在深入推进创新创业教育过程中，促进创新创业教育和专业教育的有机融合是地方高校的新使命。创新创业教育和专业教育作为高等教育活动的两个重要组成部分，二者之间应该是相互联系、相互影响的。从创新创业教育的发展的角度出发，有效地将其融入专业教育当中，不仅可以使学生产生良好的创业观念，增强创业能力，还可以确保学生掌握更多先进的创业方式，是地方本科院校转型发展的必然选择。但现实情况与我们在理论上的认知存在很大的差异，由于受传统教育观念的影响，地方高校存在着“重专业教育、轻创新创业教育”的状况。在创新创业课程设置方面，地方高校创新创业课程多以选修课形式或创业类课程出现，导致在实际当中，创新创业教育与专业教育的关联性较差。从本质上来看，开展创新创业教育需要依托专业教育，这样既可以丰富专业教育课程内涵，又可以使创新创业教育能够真正落到实处。因此，地方高校必须更新教育观念，转变人才培养模式，在教学内容、教学方法、课程设置等方面进行相应改革，实现创新创业教育与专业教育的有机融合，在使学生具备较强专业技能的基础上，提升学生的能力素质与思维品质，推动学生全方位发展。

创新创业教育与专业教育有机融合是一个复杂的、长期的过程。因此，本节主要从定位二者的关系、明确融合目的、寻找融合手段、优化课程管理方式四个方面进行分析，力图找到创新创业教育与专业教育有机融合的实践路径。

一、定位二者关系：从疏离到融合

关系是事物相互联系的必要因素，是客观的。世界上的任何事物都同它周围的事物相互联系着，创新创业教育和专业教育也不例外，二者之间相互联系。然而，目前一些地方高校并没有把创新创业教育纳入人才培养的全过程，人为地疏离了二者之间的关系。因此，我们要从创新创业教育与专业教育的关系出发找其缘由，促进二者的有机融合。

（一）从“各行其是”到“取长补短”

在推进创新创业教育的过程中，一些地方高校还没有充分认识它的本质，错误地将其视为课外实践活动，是专业教育的补充，属于学生工作范畴。显然，这是对创新创业教育错误的理解与定位。比如，一些地方高校的创新创业教育多以创业大赛、创业就业指导等形式呈现，二者仍处于“各行其是”的状态。而实际上，它们之间是“取长补短”的关系，二者作为高等教育的两个组成部分，教育目的是一致的，都是为了培养适应经济发展所需的人才。一方面，由于专业教育的教学模式比较单一，无法满足学生成长成才的需求，而创新创业教育正是弥补专业教学不足的有力措施。但是，如果没有专业理论知识的积累，创新创业教育将成为无本之木，无法发挥其最好的功能效用。另一方面，创新创业教育是专业教育的深化，在开展创新创业教育过程中，能够优化专业课程体系、扩充教学内容、改良教学方法等，为培养创新型人才提供助力。

（二）从“相互排斥”到“有机融合”

当前，创新创业教育和专业教育依然呈现出“两张皮”的状态。一些地方高校开设的创新创业类课程仅为几门创业指导、实训类课程等，这些课程多数都以选修课的形式浅尝辄止，未能针对二者融合的要求设计出良好的教学体系。从本质的角度来说，地方高校开展创新创业教育，不仅要学生能够创业，成为企业家，还要培养学生掌握创业知识、技能，为学生的未来职业奠定良好的基础。从实际现状的角度来说，目前地方高校还未能有效促进二者的有机融合。高校仅将其作为第一课堂以外的实践活动，这样片面地实施创新创业教育缺乏系统性、全面性，其结果必然导致创新创业教育无处生根。因此，地方高校应该转变传统教育教学理念，加强对创新创业的理解，并理顺其与专业教育间的关系，从而推动二者向“有机融合”转变，合力培养学生的综合能力。

（三）从“简单的相加”到“深度的融合”

目前，一些地方高校为了使创新创业教育与专业教育能够有效地融合，仅仅将创新创业课程简单地添加到原有的专业人才培养方案中，认为这样“简单的相加”就是二者的融合，并未根据实际创业的需求对其进行细致的划分，导致二者融合的过程中，只是在表面进行融合，而非真正意义上的融合。二者的融合应是“深度的融合”，即教育理念的融合、人才培养目标的融合、课程内容的融合、师资力量的融合、教学手段的融合等，从而构建出二者融合的课程体系，培养出个性发展与未来职业相协调、理论与实践相结合的高素质的创新人才。

二、确定融合目的：从提升就业率到全面素质的养成

地方高校推进创新创业教育和专业教育二者的有机融合，既是创新创业教育优化的重要方式，能够有效增强学生的创业意识，又是缓解学生就业压力的必由之路。显然，二者融合的目的不单纯是为了提升就业率、缓解学生就业压力，同时是为了育人。二者的有机融合可以进一步完善现有的教学模式，在培养学生掌握扎实的专业知识的基础上，转变学生的就业观念，进而激发学生的创业热情。

（一）二者融合是全面提高人才培养质量的内在要求

高等教育的根本任务是培养人才。地方高校作为我国高等教育大众化发展的主力军，培养的适应地方经济社会发展的应用型人才数以万计。而人才培养质量如何不仅关系到地方高校自身的发展，更关系到社会的未来发展。全面提高人才培养质量，核心要解决“培养什么人、怎样培养人”的这一根本问题，而人才培养本身是一项关系到各类教学环节的系统工程。人才培养模式是保证人才培养质量的前提，因此创新人才培养模式是地方高校深化教育教学改革的必然要求。

在深化教育教学改革过程中，地方高校需要改变传统的教学理念，并加强对创新创业教育的重视程度，有效地将其融入人才培养方案，从而推动创新创业教育与专业教育的良好融合，改革教学内容和教学方法，培养出具备创造能力的高素质应用型人才。二者的有机融合不仅要求专业教育改变传统的“重理论、轻实践”的教育现状，同时会给专业教育注入新鲜血液，激发学生学习专业知识的热情，培养学生勇于探索的创新精神和善于解决问题的实践能力，从而提升专业学习能力。而创新创业教育有了专业教育作为依靠，更加贴近学生实际，使学生更加容易接受，进而将创新创业能力的培养渗透到高校教学的整个环节中，促进学生的全面发展。二者的有机融合，势必提高地方高校的人才培养质量。

（二）二者融合是培养大众创业、万众创新生力军的外在要求

当前，大学生已成为大众创业、万众创新队伍中重要的生力军，从而要求高校在教育教学过程中，转变自身的培养模式，培养出更多优秀的创新创业人才。如何达到这一目标，成为地方高校深化创新创业教育改革的主要工作之一。然而，在地方高校创新创业教育不断推进的过程中，还有很多地方高校仅为了落实上级文件而开展创新创业工作，将创新创业工作停留在表面上；创新创业

课程内容大多局限于讲座、创业大赛等活动，缺乏系统性；对创业中最重要的创业精神和创造能力没有足够的重视；等等。创新创业教育针对性不强，脱离了学生创新创业的实际要求。所以，加强对创新创业教育的研究，将其有效融入专业教育当中，势必是解决这一问题的关键所在。

创新创业教育与专业教育的融合，能够在现有的专业教育基础上，打造出良好的创新创业课程体系，既可以满足学生学习专业知识的需求，又能满足学生切身体会创业过程的实际要求。在专业教育教学过程中，潜移默化地将学生的创新、创业素质的培养融入其中，可以使学生个性发展与未来职业相协调，不断提升学生的综合素质，为社会提供更多优秀的人才。二者的有机融合，能够有效培养学生的创造精神和开拓精神，提升学生勇于实践的能力。这样的实践能力，将会为学生就业创业提供有力的支撑，也避免了学生因缺乏实践经验而不敢去尝试创业的尴尬境地。

三、寻找融合手段：从依托课程到依托教育日常生活

地方高校的人才培养方案是教学环节中非常重要的一环，是实现人才培养目标的路线图。创新创业教育的大力推进，必然要站在高处统筹推进，建立系统思维。因此，地方高校必须在更高层面树立创新创业教育观，强化创新创业人才的培养目标、培养规格和培养手段，突出创业型人才的重要地位，并将这类人才的培养过程常态化、格式化、标准化，重视培养学生的创新创业能力，着力强化学生勇于开拓进取的精神，培养出实践能力较强的创新创业型人才。地方高校将这种人才的培养目标深入融合到专业教育中去，而不仅仅是创业学院的人才培养方案或创业类专业的人才培养方案，做到创新创业教育进课堂，将其体现在所有教学过程中，实现人才培养体系中始终凸显和体现创新创业型人才的培养要素。

作为实践性较强的教学活动，创新创业教育不仅注重对学生创新创业理论知识的传授，更加注重对学生实践能力的培养。因此，创新创业教育与专业教育的有机融合既要依托课程，又要走出课堂。地方高校应充分利用第二课堂资源，积极搭建二者有机融合的校内外实践平台，做到二者的深度融合。

（一）第一课堂与第二课堂的融合

创新创业教育与专业教育的有机融合还应充分利用第二课堂资源，在专业教育的基础上开展创新创业竞赛、创业活动沙龙、创新创业大型讲座等，并将其有效地融入专业课程当中。同时，定期开展“互联网 +”大学生创新创业大赛、

"挑战杯"系列科技竞赛等活动，以比赛为契机，展现创新创业活动的独特魅力，点燃广大学生的参与热情，构建良好的学习氛围以及创新创业环境。鼓励学生在校期间建立相应的创新创业队伍、创业俱乐部等，并配备专业指导教师，为创业学生提供沟通和交流平台，提升学生的实践能力，培养学生的创业意识和能力。在校园中定期举办创业沙龙、创新创业讲座、论坛等，激发学生的创业灵感，从而培养学生形成良好的创新创业理念。此外，还可以在校园内，根据教学活动的安排，邀请知名企业家做大型创业讲座。学校通过多方途径和有效方式，使同学们明白为什么要创业、如何选择创业项目，提升学生的创业热情，同时增强学生专业学习信心。大力宣传、推广各地各高校的创新创业好的做法，充分发挥参赛选手的榜样作用和引领作用。这样通过创新创业政策和典型案例宣传等方式，使学生耳濡目染，努力营造有利于创新创业教育与专业教育有机融合的良好舆论氛围，从而对整个教学活动进行良好的指引。

（二）校内教育资源与校外实践场域的融合

利用创新创业教育与专业教育有机融合的实践平台优势，不仅可以帮助学生将所学理论知识应用于实际，在实践中检验学习效果，还可以有效发挥出创新创业教育的教学效果，突出其实践性特点。因此，地方高校需要搭建有利于二者有机融合的校内外实践平台。一方面，二者的有机融合要充分利用校内实践平台，实现校内资源的整合利用。例如，大学生创业孵化基地、大学生创业实验室、创客空间等校内实践平台为创新创业教育与专业教育有机融合的实践教学提供有力支持，可以让学生利用所学专业知识解决实际问题，激发学生学习的积极性、主动性。同时，地方高校可以协同政府、企业在校内设立大学创业指导中心，让学生亲身体验创业，更好地体会创业的艰辛，提高社会实践能力。另一方面，地方高校应积极搭建有利于创新创业教育与专业教育有机融合的校外实践平台，通过对校外实践基地各类资源的有效利用，使学生在实践的过程中能够加强专业与实践之间的联系，从而增强实践能力，为其之后的就业奠定良好基础。

四、优化课程管理方式：从分而治之到相互依托

在各高校愈发重视创新创业教育的背景下，地方高校应根据地方经济发展的需求不断深化教育教学改革，并在加强专业教育建设的基础上，有效推动其与创新创业教育的有机融合，使其能够为社会发展提供更多的优质人才。然而，二者的融合是较为复杂的系统工程，涉及教务、团委、招生就业办、二级教学

学院等多个部门。如何在体制机制上有效整合教育资源，构建出具有支撑作用、推动校园内部协作的体系，将会对二者的融合具有重要意义。

（一）转变教育观念，正确认识二者有机融合的价值

观念是行动的灵魂，人的观念决定人的行为，教育观念对创新创业教育教学起着指导的作用。传统的专业教育只注重理论知识的传授，缺乏对学生创造能力和创新思维的培养，无法满足学生成长成才的现实需求。作为高等教育的一个重要组成部分，创新创业教育侧重于学生开拓进取和创新能力的培养，而这些正是专业教育所欠缺的。地方高校要培养出创新创业型专业人才，就必须打破传统教育观念的束缚，把创新创业教育和专业教育作为提高学生的综合素质的有机组成部分，优化课程管理方式，实现创新创业教育与专业教育有机融合。一方面，地方高校要尽快转变传统教育理念，深化创新创业教育改革，不断完善教学管理制度，在整个人才培养方案中，逐步融入创新创业教育，并以学生养成创业观念、增强创业能力为目标，以优化现有教学体系为中心，不断提高人才培养质量。另一方面，教师要转变教育教学观念。在创新创业教育的教学过程中，教师要改变传统的灌输式教学模式，由灌输式向渗透式转变，重视培养学生分析问题和解决问题的能力，在专业教育基础上，推动二者的有机融合，培养学生的实践能力和创新能力，从而促进学生的全面发展。

（二）优化人才培养方案，将创新创业教育贯穿人才培养全过程

优化人才培养方案是实现二者有机融合的重要保障。为了将创新创业教育融入教学的各个环节，地方高校需要设计出配套的改革方案。其一，要融入学校的人才培养方案，将创业类课程纳入公共必修课或公共选修课中，并充分利用第二课堂平台，全方位推动创新创业教育的开展；其二，要融入专业人才培养方案，对创新创业教育资源进行深入挖掘，有效地将创业知识、技能的培养渗透到教学的整个过程中，从而推动二者的有机结合。

二者的有机融合，需要在人才培养中科学合理地设置相应的创新创业学分，在学生毕业要求中体现创新创业能力，使人才培养的重心由知识传授向综合能力培养转变，促进学生的全面成长。地方高校需要科学把握创新创业教育和专业教育的内在联系，使创业类课程涵盖整个教学，设计出良好的培养方案，在学生大学四年的专业学习过程中融入创新创业理论知识和实践能力的培养，培养出既掌握扎实专业理论知识又具有创业意识和能力的高素质应用型人才。

（三）以专业教育为基础，构建二者有机融合的课程体系

创新创业教育和专业教育有机融合的课程体系的构建，既是地方高校创新人才培养模式的切入点，又是有效实施创新创业教育的重要保障。因此，地方高校应从人才培养目标的高度出发，以专业教育为基础，对创新创业教育进行整体设计，形成集培养目标、课程设置、教学计划、实践活动等方面为一体的二者有机融合的课程体系。高校通过对二者有机融合课程体系的构建与完善，可以强化学生创造能力与创新思维的培养，提升学生的综合素质。

其一，以专业课程为基础，引导学生掌握创新创业教育的理论知识。地方高校在实施创新创业教育的过程中，想要把创新创业教育融入专业课程中来，必须将创新创业教育理念和内容融入专业教学主渠道，从源头上推进二者的有机融合。同时，要把创新创业教育纳入人才培养体系，形成理论教学与实践教学相结合、必修课与选修课相统一的课程体系。因此，地方高校要明确创新创业教育目标要求，以“面向全体、分类施教、立足专业、贯穿全程”为原则，构建由“2（专业教育和创新创业教育）+ 通识教育 + 第二课堂”的课程体系，以更合理、更完善的二者融合的课程体系，对学生进行全方位、多角度的培养。

其二，以专业实践为基础，逐渐开展创新创业实践活动。一方面，可以有效提升专业资源的利用效率，使学生将所学的理论知识应用于实践，检验学习效果；另一方面，创新创业教育，具备非常强的实践性，可以合理地与专业实践进行衔接，能够为创新创业人才的培养奠定良好基础。因此，地方高校可以根据自身的实际情况，选择校企合作、自身搭建等多种方式，打造出专业教育与创新创业教育相结合的实践平台。

（四）加强教师队伍建设，实现二者的有机融合

从目前来看，地方高校在开展创新创业教育与专业教育有机融合的教学过程中，最突出的一个问题是师资力量薄弱。他们主要是学生管理或就业指导教师，缺乏系统的专业知识；而专业教师虽然有较高的专业理论水平，但缺乏实践教学经验。师资队伍数量不足、质量不高，无法满足二者有机融合的教学需求。因此，地方高校要拓宽创新创业师资来源，构建多元化的教师队伍。一是专业教师队伍建设，鼓励教师深入企业、行业一线，开展与专业相关的实践活动，提升教学和实践能力；二是校内创新创业兼职教师队伍建设，以校内现有师资力量为基础，从中筛选能够掌握良好理论基础，并具备一定实践能力的教师，作为整个创新创业教育教学任务的执行者；三是校外创新创业兼职教师队伍建设，地方高校要充分利用社会资源，聘请校外具有丰富实践经验的企业家和创

新创业校友企业家等为创业导师。力争建立一支素质高、能力强的创新创业型教师队伍，使创新创业教育与专业教育融合的过程中具备充足的师资力量。

（五）建立健全课程评价机制，实现二者的有机融合

目前，我国创新创业教育尚处于起步阶段，各高校还未健全创新创业教育管理制度。可想而知，没有完善的管理制度，创新创业教育将无法发挥其应有的重要作用。因此，为保障二者的有机融合，我们需要构建完善的创新创业教育课程的评估体系，并制定科学、合理的考核与激励机制。考核指标设立时，应将创新创业教育与专业教育有机融合度作为主要的内容，对二者有机融合的教学活动、教学评价、考试等方面要进行有效监控，确保人才质量的提升。

第四章　高校创新创业教育教师培养机制实施路径

第一节　国内高校创新创业教育教师培养现状

本节结合部分高校创新创业教育教师培养的师资规模、结构、质量、管理等方面进行研究，总结我国创新创业教育教师发展的现状，从而发现我国创新创业教育师资的不足之处。

一、师资规模及数量

我国创新创业教育起步较晚，还不具备大规模的创新创业教育师资，教师数量远不能满足创新创业教育教学需求。尽管这些年普通地方高校都开始重视创新创业教育，但开设创新创业教育课程、系统发展创新创业教育甚至成立独立学院的学校并不多，而其中从事创新创业教育研究和教学的高水平教师更是少之又少。在 2016 年 KAB 创业教育年会上，KAB 创业教育（中国）研究所所长李家华发布了一份《高校普及类创新创业教育高校调研报告》，调查共收集有效样本 1 516 个，覆盖学校 676 所，但是在受访教师所在的高校中，有十分之一没有创新创业师资。下面就选取了几个学校来分析创新创业教育师资情况。

（一）专门设立创新创业类学院的高校的创新创业师资状况

为了深入贯彻落实党中央、国务院以及省委、省政府关于“大众创业、万众创新”的一系列决策部署，浙江工业大学创业学院于 2015 年 9 月成立。创业学院以创新引领创业、以创业推动创新作为其教育理念，致力将学院建设成培养具有创新能力、创业精神的复合型人才及未来商界精英和领袖的基地。根据浙江工业大学创业学院的官方网站上的资料整理统计，创业学院导师共 48 名，除了创业学院教职工 5 人，还聘请了一批校内有关学科的知名专家教授、社会上成功的企业家和投资人等担任导师，其中校内其他学科的专家教授有 23 人，社会上成功的企业家 20 人。根据浙江工业大学 2016 年统计公报，该校在校大学生达到 30 055 人。创业学院要面向全校 30 055 名在校大学生进行创新创业教育培训工作，师生比才仅仅达到 0.163%，创新创业教师师资十分缺乏。

广东外语外贸大学于 2016 年 7 月成立创新创业学院，秉承国际化理念（global thinking），实施融入式教育（immersive education）以及开放式教育（open education），完善体系化架构（systems architecture），打造“GIOS”模式。建立“通识 + 核心 + 特色”创新创业课程体系，构建“五位一体”的创新创业教育实践平台，提供大学生创业扶持政策。通过“外引内培、专兼结合”，举办云山双创（创新创业）导师培训班，邀请校外权威讲师团到校，加强对校内师资培训；推行专家支持计划、企业家进校园计划，引进创新创业领域权威专家，发挥“传帮带”作用，邀请知名企业家到校开设讲座，为创新创业教育提供师资保障。广东外语外贸大学创新创业学院成立了创新创业教育教学指导委员会，有主任委员 1 人，副主任委员 3 人，委员 19 人，其中包括校外委员 9 人。随着创新创业教育的发展，该校已经建立了一支 200 多人、专兼结合的高素质创新创业教育指导师资队伍。① 广东外语外贸大学现有在校全日制本科生 20 387 人，博士、硕士研究生 1 561 人，师生比达到了 0.911%。创新创业教育的师资结构、机构组织以及培训项目发展都比较完善，但还是不能满足创新创业教育对教师数量的需求。

（二）设立创新创业教育中心的高校的创新创业师资状况

以天津工业大学为例，天津工业大学创业中心（创客空间）于 2015 年 8 月成立，以培养高素质创业人才为目标，以引导青年教师和学生专业创业为特色，以协同培养为切入点，坚持产学研结合，实施创新创业一把手工程。该中心在官方网站上记录的创业导师有 11 人。此外，天津工业大学于 2015 年初还设立了人力资源与创业系，由管理学院（原企业管理系）人力资源专业和创业

① 刘海春、谢秀兰、微会东，等：《中外创新创业教育理论与实践》，广东高等教育出版社，2016，第 63 页。

中心整合而成，致力为组织培养中高级人力资源管理者和为创业企业整合人力资源、开发人力资源培养人才，以满足“大众创业、万众创新”新常态下社会对新型人才的需求，目前共有 24 名创新创业教育教师。天津工业大学在校学生约为 28 000 余人，因此师生比为 0.086%。但值得注意的是，天津工业大学还设置了创新创业领导小组以及创业教育中心，除了由校领导任副组长，还由教务处、研究生院、学生处、团委、科技处、人事处、财务处、招生就业处、工程教学实习训练中心等部门负责人担任成员；除了有创新创业教育核心课程的教师，各学院还有针对创新创业教育的课程建设项目，如 2018 年就有 219 个项目予以立项；又有不同学院不同专业的大量教师参与创新创业教育专业融合课程的教学，因此师资数量比较可观。

（三）仅开设网上创新创业课程的高校的创新创业师资状况

在既没有专门学院机构，又没有相关学系，仅有网上开设创新创业“慕课”课程这一类的高校，创新创业教育师资严重不足，以至无法将零散的课程整合为完整的实体学科来教授，因此无从统计具体师资数字。但可以肯定的是，创新创业教育师资在此类高校是严重匮乏的。

通过对几个高校相关资料的分析，可以发现创新创业教育在高校之间发展的状况参差不齐，有的高校已经形成了比较成熟的体系，有专门的机构设置以及专业的师资队伍，但有的高校的创新创业教育才刚刚起步，各方面都亟待完善。

二、师资结构

从师资队伍的构成结构上看，我国高校现有创新创业教育的师资大致由以下几类人员构成：原来经济、人力、管理类等专业理论教学的教师，有创业实践经历的其他学科专业教师，从事大学生就业指导的高校辅导员和学生工作部门管理干部，以及成功的社会企业家。

天津工业大学除了各学院、各专业进行创新创业教育专业融合课的授课教师，还聘请社会知名专家、创业成功者、企业家、风险投资人等担任兼职教师，定期开展创新创业讲座、案例分析、创新创业指导等活动，实施导师制，针对学生创新想法、创业活动以及创新创业项目进行跟踪和指导。仅以天津工业大学可查到的创新创业教育导师为例，在天津工业大学创业中心以及管理学院人力资源与创业系的 24 名创新创业教师中，校内导师有 17 名，校外创业导师 7 名（表 4–1）。校内导师有教授 6 人，副教授 3 人，讲师 8 人，其中有博士学位的有 13 人。他们具有丰富的实战经验和扎实的理论基础，虽然数量不多，但都对创新创业教育有极大热情。而校外企业家创业导师的学历相对较低，7 人中没有博士学位的导师，有硕士学位的 3 人。他们在各自的领域里都十分优秀，有很强的创新创业能力和丰富的创新创业经验，但在实际的教学指导上略有欠缺。

表 4-1　天津工业大学创新创业教育教师学历结构

导　师	总人数	博士及同等学力		硕士及同等学力		学士及同等学力	
		人　数	比　例	人　数	比　例	人　数	比　例
校内导师	17	13	76%	4	24%	0	0%
校外创业导师	7	0	0%	3	43%	4	57%

三、师资质量

创新创业教育发展至今已有一定成效，但师资力量薄弱仍是制约我国高校创新创业教育发展的重要因素。除了创新创业师资数量难以满足实际需要，教师的构成结构、职称结构的不甚合理等阻碍了教育师资质量的提升，就目前来看，创新创业教育的多学科性以及教师素质的欠缺等也是影响师资质量的重要原因。

创新创业教育本身的特殊性对师资质量的要求更为严格。创新创业教育不同于传统知识结构，具有的多学科性的特点，既要有理论的学习，又要有创新创业实践的锻炼。因此，创新创业教育师资应该能够支撑这两部分的需要，而这就要求教师不仅具备理论教学能力，还要有实践教学能力；不仅通晓本专业知识，还要掌握创新创业知识以及教育学、心理学、经济管理等知识，而“双师型”教师的匮乏造成我国高等教育和社会脱节的现状。在这样的“高需求”下，我国创新创业师资却是在“低供应”的水平。创新创业教师在指导学生学习及实践中缺乏创新创业意识以及创新创业的积极性、主动性，难以全方面地掌握理论教学和实践教学。

四、师资管理

从管理机制方面讲，我国创业教育的师资管理机制不健全，还没有形成完善的创新创业教育师资体系。现在，部分学校已经有了专门从事创新创业教育的师资队伍，这部分教师既要参与学生的创新创业教育，又要广泛接触社会，为创新创业教育提供强有力的实践支撑。但是，很多学校的所谓“创业学院”也只是依托于原本的管理学院或者相关专业，并不是完全独立的学院，如中山大学创业学院、吉林大学创业研究中心就是依托于管理学院，宁波国泰安创业学院依托于大红鹰学院的工商管理专业等。这意味着创新创业教育教职工人员都是由其他学院抽调，管理起来与原有学院存在矛盾，计算报酬或统一管理时存在不协调之处。这些情况在高校管理制度中没有被充分考虑，极大地制约着创新创业教育教师队伍的形成。组织建设，学科建设，教师的选聘、培训以及考核方面都是师资管理的重点内容。

（一）组织机构建设

由于创新创业教育的特殊性，创新创业教育教师除了要参与并指导大学生创新创业教育工作，还要为储备丰富的资源和经验广泛接触社会，而且相当一部分教师在进行创新创业教育的同时负责其他专业学科的教学，简单的归口管理在教师工作量的计量上也不尽合理，所以在专兼职教师管理方面会不可避免地遇到困难。因此，建设组织合理、职能明确的组织机构是必要的前提。

同济大学创新创业学院由创新创业教育工作领导小组领导，下设教学指导委员会联合专家委员会对学院进行管理，学院划分为办公室、教学部、能力部以及实践部，每个部门的职能都有规定，各司其职，总体来看是个完善的能够良好运作的组织架构（图 4-1）。

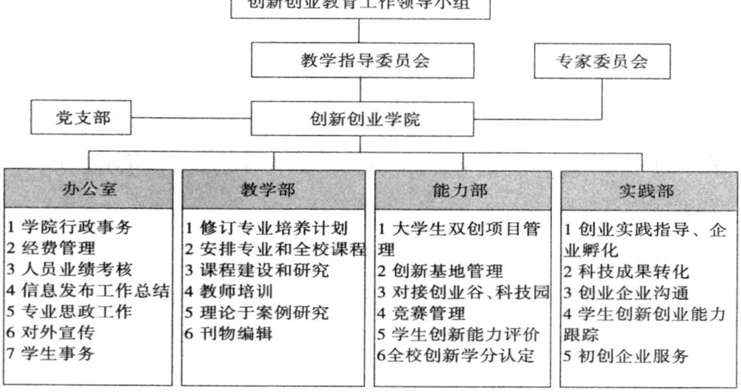

图 4-1 同济大学创新创业学院组织架构

上海财经大学创业学院的组织架构同同济大学的组织架构有类似之处，由创新创业教育工作推进领导小组领导，并设教育指导委员会联合顾问委员会对学院进行管理，可以看出创业学院同商学院进行合作，但是学院的下设部门及其定位比较模糊，除了教学与行政事务办公室，还有中国社会创业研究中心、中国财经素养教育研究中心、中国工商管理案例研究中心、全球创新创业实验室、《创业评论》编辑部等七个部门（图 4–2）。优点是部门种类丰富、功能多样，但是随之带来的就是管理上难以协调的问题。

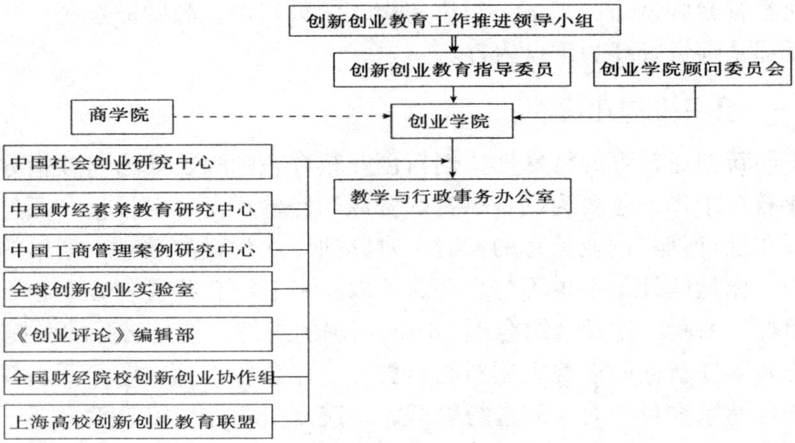

图 4–2　上海财经大学创业学院组织架构图

（二）学科课程建设

我国部分高校进行积极的探索并开设了创业课程，如上海交通大学的五模块式（表 4–2）以及中山大学的六模块式，课程覆盖面广阔，每一模块的功能都能得到发挥，值得其他学校借鉴，但是目标并不明确，模块之间连接性不足，落实起来有难度。

表 4–2　上海交通大学创业教育课程五模块

课程模块	核心课程	特色课程	专题探讨	实践模块	实战模块
课程名称	·组织与领导力 ·创业机会的识别 ·风险资本与创业	·信息通讯产业模式与创业 ·先进材料产业模式与创业 ·智能技术产业模式与创业 ·互联网商业模式与创业 ·生物技术产业模式与创业	·创业案例 ·如何看待创业风险和成才 ·主题研讨	·创业模拟夏令营 ·暑假海外企业见习	·创办企业 ·到企业基地实习

上海交通大学创新创业教育课程实践最具代表性，发展得也比较好，但更多的普通地方高校还远远不能达到建设完整课程体系的地步。不过，也有一些高校根据自身发展状况开发出一套有专业特色的创新创业课程。

天津工业大学经济与管理学院开展校友创业班，专门为学员设置了创新创业课程，授课者包括创业者、创业学者与专家、创业业务主管、投资人等，方式包括团队建设、案例分析、模拟演练、实训参观等，能够从创业各个方面所需的知识与技能上提供有效的指导，但不足之处是课时较短，短期的教学难以深入地掌握创新创业知识（表 4–3）。除了面向校友创业班的学员安排专业性较强的课程，他们也将创新创业教育融入一般学生的培养计划中，将系统的创新创业教育课程纳入专业课程，构建创新创业知识体系和创新创业训练体系；设立工商管理专业实验班，在专业主干课程的基础上，增设创业基础与实务、创业管理、创业营销、创业融资与财务、公司创业、网络创业、创业指导等七门创业课程，培养具有创业精神，具备工商管理专业知识、能力、素质，并能适应经济发展新常态的创业管理人才。此外，还有创新创业教育平台的选修实践课程，虽然还不成体系，但保留了专业特色。这样有的放矢地安排创新创业课程，兼顾了不同专业、不同知识基础的学生进行学习。

表 4-3　天津工业大学校友创业班课程安排

课　时	主　题	主讲人	课程内容与授课方式
4	学习引入	创业学者	创业基本概念和知识， 通过团队建设、学员互动、学员选择主导或加入一个创业项目
4	构想生成与产品打磨	创业者	结合自身创业实践讲述产品开发全过程与经验教训，对创业企业产品开发的实际问题以及学员提出的创意展开分析
4	商业模式设计	创业专家	案例分析，讲述商业模式基本要素，分析商业模式设计的基本要求和思路
4	建立和管理创业团队	创业者	如何建立和逐步完善创业团队，如何管理创业团队
4	创业计划书	项目创始人	创业计划书的制作要求与重点
4	创业公司股权设计	法律与管理专家	创业公司股权设计的常见方式与利弊分析
4	创业公司营销	创业者	案例分析，讲述创业公司营销战略，分析成败原因
4	创业公司参观与座谈	创业公司团队	选择优秀创业企业作为本科体验式教学基地，组织学员体验参观，同创业者沟通创业团队建设、股权设计、营销及企业管理等问题
4	创业项目诊断与指导	投资人 / 创业专家	对学员创业项目或计划进行诊断，辅导学员进行改进
4	团队建设	创业者	围绕创业实训学习，在创业导师的指导下进行沟通与交流
4	创立新企业	创业业务主管	通过模拟演练和案例实训学习新企业的法律组织形式与选址、开办企业的途径
4	创业公司管理	创业者 / 企业家	如何管理一家新创企业，常见和关键问题有哪些，分析与讨论学院创业公司的具体问题
4	创业与人生发展	创业者	讲述他们眼中的“创业”，为什么创业，创业的得与失，创业的影响

天津工业大学还高度重视教育教学改革项目的研究工作，每年各个学院都申报创新创业教育课程建设项目并进行立项，这样也培养了大量从事创新创业教育的教师。

（三）教师选聘

高校一般调动校内外资源打造专兼职结合的师资队伍，一方面利用校内师资，从各学院抽调、选出适合进行创新创业教育的教师进行课程的讲授，或者从团委、负责学生工作的教师中挑选从事创业教育工作；另一方面引进校外的师资，各高校进行交流合作实现创新创业教师的校际借调，高校与企业进行平台建设，邀请企业经理、商业精英或者创业成功者等具有充分创业实践经历的人才兼任创业导师。要扩大师资来源渠道，除了学校安排人事调动，还要面向校内外进行招聘，并且创新创业教师招聘的条件要有一定的要求。

通过对创新创业教师招聘标准的调查，笔者了解到一些学校的教师招聘要求，应聘者需自行下载申请表，携带自荐信，提交申请材料，由学校进行资格审查，最终面试通过后进行选拔试讲。搜集到的部分高校招聘条件整理如下（表4–4）。

表 4–4　部分高校创新创业教育教师招聘条件

学　校	分　类	招聘条件
武汉汉口学院	（一）学历要求	①相关专业的博士； ②有 2 年以上创新创业相关课程教学（高校）经验、企业（公司）创业或管理经验的硕士； ③具有“创新创业导师”相关资格证的人员、大型企业中（高）层管理人员、企业负责人、担任过各种创新创业大赛的评委等人员可适当放宽学历至本科
	（二）专业要求	应聘人员须具备教授创新与创业基础、创业组织与领导、公司内部创业、公益创业、国际创新创业合作、创新管理与新产品开发等专业理论与实践课程的能力。学期课程设置可根据教师专业特色与方向和学生现实需求做适当调整

续　表

学　校	分　类	招聘条件
辽宁石油化工大学	（一）创新创业理论教师	主要职责是从事创新创业类课程的理论教学、线上线下辅导等。要求被招聘的教师爱岗敬业，具有良好的思想政治素质，有高度的责任感，具有团队协作精神，自愿从事创新创业教育课程的教学和研究工作，能自觉配合创新创业学院的整体工作安排，为大学生创新创业提供服务。具体要求如下：①具有副教授以上职称或（在读）博士学位的教师；②具有高校教师资格证，有志于从事创新创业研究与教学工作者；③具有一定的创新创业研究基础或创业实践经验和创业指导能力；④已获得创新创业相关资质或培训证书的教师优先；⑤具有较好的教学技能和教学素养，能适应创新创业类课程的课堂教学及线上线下混合教学的要求
	（二）创新创业教育研究管理人员	主要职责是大学生创新创业计划项目管理、大学生创新创业竞赛管理、学院网站管理等。要求被招聘的人员爱岗敬业，具有良好的思想政治素质，有高度的责任感，具有团队协作精神，能自觉配合创新创业学院的整体工作安排，自愿从事创新创业训练与服务工作。具体要求如下：①具有副高级以上职称或硕士学位；②具有一定的创新创业研究基础或创业实践经验和创业指导能力；③具有较好的计算机应用与网络管理能力；④已获得创新创业相关资质或培训证书的教师优先

我国高校对创新创业教师的选聘标准还比较模糊，学校之间的要求差别也较大。武汉汉口学院对创新创业教师有学历和专业两方面的要求；辽宁石油化工大学对创新创业理论教师和创新创业教育研究管理人员有不同的要求。但总的来看，这两所高校在师资招聘中都对创新创业教师有理论和实践两方面的要求，并且要求具备相应学科的专业知识。

（四）教师培训

正如天津工业大学创新创业教育改革实施方案中所说，要将提高教师创新创业教育的意识和能力作为岗前培训、教学能力提升的重要内容，进一步明确全体教师创新创业教育责任。教师培训是建设创新创业教育师资队伍至关重要的环节。

1. 省级专项委培计划

各地为推进高校创新创业教育的发展，落实国务院办公厅《关于深化高等学校创新创业教育改革的实施意见》（国办发〔2015〕36号）文件，纷纷采取相关措施来进行创新创业实践培训，虽然大多针对大学生，但对于创新创业教师的培训也开启了省级培训计划。

我国各地在创新创业教育教师培训中进行了大胆的实践，有的地方的创新创业教师培训项目是专门的省级培育工程，如浙江省的高校创业导师培育工程，有的是创新创业项目下的子项目，如天津市“大学生创业导师培训项目”是“大学生创新创业助力计划”系列的子项目之一，还有的以省级培训班的形式呈现。尽管创新创业教师培训存在着起步晚、培训时间短、培训内容不深入等问题，但都取得了不错的成果，也为各地的创新创业教师队伍建设注入了大量高水平人才。

2. 校企协同培训

东北师范大学、天津理工大学等许多高校的创新创业教育改革实施方案中提到，要建立相关专业教师、创新创业教育专职教师到行业企业挂职锻炼制度，规定创新创业教育团队的教师要到企业挂职锻炼一段时间。高校与企业协同合作，组织开展创新创业教师培训，利用学校与企业两种不同的教育环境和教育资源，将企业作为创新创业教师实践基地，为高校创新创业教育教学改革提供有益经验，同时实现学校、企业、教师的三方共赢。

3. 校本培训

校本培训是以学校为单位，以校内教师为培训对象，提高教师的创新创业教学能力和创新创业知识水平。现在，各高校创新创业教育活动开展得如火如荼，高校纷纷开展创新创业教育教师的专项培训。高校创新创业教育教师参与最广泛、最基本的培训方式便是校本培训。

4. 国际合作培训

在全球化发展的今天，我国创新创业教育要想与国际接轨，就要借助国际组织的力量，吸收借鉴国际社会创新创业教育的有益经验。在我国，创新创业教育教师培训主要有KAB以及SIYB项目。

（1）KAB项目。KAB项目即“Know About Business”，意为“了解企业”，是由国际劳工组织研发，旨在培养参与培训者的创业意识和创业能力，并提供一系列培训资料和新的创新创业教育教学方法。目前，全球有三十多个国家都开展了KAB课程，国内很多高校成立了KAB创业俱乐部，也有很多高校将KAB作为学校选修课或必修课纳入正常课程教学体系。KAB分为“什么是企业”“为什么要发扬创业精神”“什么人能成为创业者”“如何成为创业者”“如何找到一个好的企业想法”“如何创建企业”“如何经营企业”“如何准备商业计划书”八个模块单元，还能通过商业游戏、角色扮演以及实践活动等加深对创新创业培训的体验感，丰富培训内容。

（2）SIYB 项目。S1YB 项目即“Start & Improve Your Business”，意为“创办和改善你的企业”，是国际劳工组织为帮助微型企业发展专门研究开发的培训小企业家的培训课程，包括“产生你的企业想法”（Generate Your Business Idea）、“创办你的企业”（Start Your Business）、“改善你的企业”（Improve Your Business）和“扩大你的企业”（Expand Your Business）四种培训课程。创业培训内容与社会环境紧密联系，通过递进式的课程培训，完整呈现创办企业脉络，此项系统性培训效果较好。通过原劳动和社会保障部引入国内后，SIYB 项目在部分省市进行试点运行，取得了良好的效果。

（五）教师考核

通过调查部分高校的创新创业教育改革实施方案，笔者发现创新创业教育教师的管理和考核机制不健全。通常情况下，高校是按照教学岗位及工作量来对教师考核及奖励的。[①] 就目前来看，越来越多的高校认识到了将创新创业教育教师同普通教师一样进行简单的绩效管理的不合理性，部分高校开始根据创新创业教育工作来反思、更新创新创业教育教师的考核方案。不过，很多高校提出绩效考核中会考虑创新创业教育成绩，但并没有进一步详细的方案，具体落实中也很难到位。

第二节　国外高校创新创业教育教师培养现状及启示

创新精神和创业能力是社会经济持续发展的内在动力，是提升国家竞争力、提高国家软实力的重要内容。从国际的视角来看，大力发展创新创业教育已是全球各国的共识，世界各国都在积极推进创新创业教育的发展。本节通过选取美国和日本来分析国外创新创业教育师资状况，为我国创新创业教育教师发展提供借鉴。

① 刘子超：《创新创业教育背景下高校创业教育师资队伍建设研究》，《现代职业教育》2015 年第 19 期。

一、美国创新创业教育教师培养

作为创新创业教育起源最早的国家，美国政府高度重视创新创业教育，并将其纳入国家战略之中，在资金、政策上都不吝支持。经过几十年的发展，美国高校的创新创业教育形成了特有的创业教育模式，其师资建设、课程体系等方面也形成了系统的网络，在全世界都处于领先地位。下面笔者结合案例阐述美国创业教育组织模以及为吸引师资、培养师资所采取的种种措施，为我国创新创业教育发展提供参考。

（一）不同创新创业教育模式下的师资队伍建设情况

美国高校由于在创业教育开展过程中所追求的发展目标的路径不同，形成了两种主要的组织模式：聚焦模式和全校性模式。

聚焦模式是以创业学学科建设为目标，是传统的创业教育模式，具有高度系统化和专业化的特征，从学生、课程内容到师资管理、教学活动等都限定在商学院或管理学院。

全校性模式则是以学生为本位，以提高学生创业精神和能力为目标，不再将商学院或管理学院的学生作为唯一的培养目标，而是指向全校学生，培养不同学科背景下的学生的创业精神和能力。全校性创业教育模式又可以分为磁石模式和辐射模式，这两者之间又存在很大差别。虽然磁石模式下的学生及课程内容指向全校范围，但仍遵循高度集中的发展路径，管理机构、师资以及教学活动还是限定在商学院或管理学院。辐射模式则是在全校范围内成立创业教育委员会，全体参与，学院分别负责其教学课程，并且高校可根据自身的院校特点和优势，自由选择发展哪种。

尽管美国高校所采用的创业教育模式不尽相同，但每种模式都有发展成功的典型。下面我们就结合典型院校的创业教育实践，着重研究不同模式下的创新创业教育教师培养情况。

1. 聚焦模式下的创新创业教育教师培养

哈佛大学可以称得上是高校创业教育的发源地，自迈尔斯·梅斯教授创设了“新创企业管理”课程以来，哈佛大学商学院的创业项目已取得了卓越的成就。2015 年 12 月，哈佛大学发布的《哈佛校友影响力》报告显示，“39% 的哈佛校友已经创立了营利或非营利的企业，在 150 多个国家开办了 14.6 万多家公司或机构”。

哈佛大学拥有一批有经验、高水平的创业教育师资，离不开校内外管理机构的支持，其为哈佛大学创业教育师资提供了宝贵的组织保障和资源支持。除了哈佛大学商学院负责师资、课程以及日常事务管理，构建了全世界最为完整的创业教学案例库，为教师和学生都提供了强大的资源依托，还有在阿瑟·罗克捐赠下成立的“阿瑟·罗克创业中心”、创业教育管理中心以及加利福尼亚研究中心。这些管理机构汇聚了哈佛校友、企业家及创业教育教师等一批创业教育的人才，对创业教育进行系统化研究，提供创业教育咨询，提供教师参与企业活动的机会，组织案例教学撰写，促进创业教师专业化发展。

哈佛大学采取专兼结合的师资结构，既有创业教育专业教师，又有优秀创业者、企业家以及优秀校友。为培养、储备更多、更高质量的师资，哈佛大学在 20 世纪 90 年代就创立了创业学方向的博士生项目，为本校、为世界其他各个高校源源不断地提供创业教育师资；还有新创企业竞赛项目，由学生和教师参与，可以丰富教师的专业指导能力和创业实践经验；此外，他们还成立了创业家项目，建立了强大的导师库，对创业教育提供定期的、强大的、一对一的指导，为创业教育提供一个真实世界的专业知识和训练。①

哈佛大学是全美教授工资水平最高的学府之一，平均年薪约十五万美元，尤其创业教育领域教师的工资水平更高，提高了教师的物质待遇，用高薪吸引和留住了大批优秀的师资。②除了实行教授职位终身制，还有定期考核制度，通过颁发“哈佛大学卓越教学证书”来激励创业教育教师的积极性。

2. 磁石模式下的创新创业教育教师培养

百森商学院秉承着“创业遗传代码”的理念，有着独特的“创业文化”，从 1919 年建校就积极发展创业教育，1967 年推出全球第一个研究生创业教育课程，在美国“创业之父”杰弗里·蒂蒙斯的带领下开发出创新、完整的创业教育课程体系，在创业教育领域多年领先。磁石模式使百森商学院能够通过创业教育中心统一调配师资、经费和创业教育活动，整合资源以发展创业课程、提高教师能力、吸引更多校友捐赠，还能让更多非商学院学生接受创业教育。此外，设置的课程广泛考虑了不同专业背景的学生的异质性，除一般性课程外，还有辅修课程可供选择。百森商学院在 1998 年成立阿瑟·布兰克创业中心，集中发展师资建设和课程建设，开展各类创业教育合作项目。在教师的选聘上，百森商学院充分利用社会资源，除了选择兼备创业理论知识和创业能力的全职教师，还积极招聘不同教育背景、有丰富创业经验的成功创业者、企业家作为

① 王冬冬：《美国高校创业教育师资队伍建设研究》，硕士学位论文，曲阜师范大学教育学院，2017。

② 黄声豪：《美国大学教师专业发展的研究》，硕士学位论文，厦门大学教育研究院，2013。

兼职教师。专兼教师之间进行充分交流互动，以增强整个师资队伍的活力和创造性。百森商学院在教师的选聘上对教师的学历背景、创业科研能力、创业能力及意愿、教学能力等方面都有着明确的规定。百森商学院通过建立薪酬福利体系以吸引和留住优秀创业教师资源，具体表现为对职称进行评估与分级，并根据职位制定薪酬，通过评估市场平均薪酬和对同行业的薪酬进行调查，制定薪酬方案。除此之外，还有一系列的福利体系，如提供医疗和生活福利等，待遇尽力满足教师需求。教师的考核上建立了职称评定机制，成立“百森教职工研究基金”，提高了教师工作的积极性，鼓励和支持创业教师在创业教育研究上取得更多成就。

为促进创业教师能力水平的可持续发展，百森商学院还创立了许多教师培训项目，如教师之间相互交流，建立内部培训班；在校外由创业者、企业家、投资家等组成“智囊团”，为学生提供创业指导，并架起校内校外的桥梁，吸引更多资源与企业参与进来；“普瑞斯—百森伙伴项目”旨在培养全球性的创业教育者，培训全球各地的创业教师；与伦敦大学共同开展的全球创业观察项目，研究不同国家、地区创业活动状况，分析全球创业发展进程；与富兰克林·欧林工程学院开展的“工程教育教师培养项目”将创业教育与工程教育结合，培养工程领域的优秀创业教育教师。创业教师的培训也渗透在学生创业实践的方方面面，在创业过程中进行指导，在创业成果进行孵化过程中进行创意的激发、信息的共享，真正做到了教学相长，不仅提高了学生的创业水平，还进一步深化创业教师的业务能力。

3. 辐射模式下的创新创业教育教师培养

康奈尔大学的建校目标是在学校“任何人都可以找到自己想学的任何学科”，该校是实行辐射模式的典型代表，为全校大学生提供创业教育课程，打破学科边界，促进学生结合本专业背景进行创业学习，还鼓励不同学科的教师都参与进创业教育中来。这种辐射模式要求创业教师将专业教育与创业教育进行融合，开发出特色的适应本学科的一套创业课程。每个参与的学院都设有创业教育管理中心，能够为本学院的创业教育提供经费与师资。此外，学校还设立了“创业精神和个人项目”（EPE）管理委员会，对创业教育活动进行统一协调管理。

“创业精神和个人项目”（EPE）管理委员会是由康奈尔大学的教师、学院院长以及优秀的校友企业家等人组成，他们不仅制定创业教育的整体框架，还参与到创业教育的课程和实践中给予学生以指导，并提供财政支持与捐赠。康奈尔大学的创业教育师资也是专兼结合的结构，而专业教师涉及的领域相当广阔，有利于拓宽创业教育的研究视野。此外，康奈尔大学还成立了创业者联盟，吸收优秀的创业者、校友积极组织创业活动。康奈尔大学也开展了多种合作项目进行教师培训，如康奈尔教育伙伴项目，促进终身教师和新入职教师之间的交流，共同设计创业教育课程，在教师之间形成合作友好的氛围，这有利于整体师资水平的提高。康奈尔大学为在EPE项目中对创业活动有杰出贡献的教师设立“克拉克教席”，教授职位每年授予一次，还设立了各种奖金、奖项以及带薪休假等福利，设立各种激励政策来保障创业师资稳定，吸引更多创业人才加入师资队伍。

（二）美国创新创业教育师资培养经验

在美国，创业文化的氛围浓厚。经过长期的发展，美国在创业教育的方方面面都有其先进性，在师资培养上更是存在着无可比拟的优越性，下面从几个方面来进行说明。

1. 政府大力支持创业教育发展，立法与经费并重

管理学大师彼得·德鲁克认为，创业型就业是美国经济发展的主要动力之一，是美国经济政策成功的核心。因此，美国政府对创业教育大力支持，陆续出台相关政策来推动其发展。

美国在不同时期实施了《专利法》《贝多法案》《史蒂文森—威德勒技术创新法》《技术转移商业化法》《创新法案》等一系列法律法规，以促进国家的创新与创业发展。美国政府出台的政策积极地促进了科技成果转化，如1980年颁布的《贝多法案》和《史蒂文森—威德勒技术创新法》，加强了大学与企业之间的联系，为创业活动提供了成果转化的空间，在很大程度上提升了学校教师和创业者个人的积极性，进一步促使大学衍生公司的出现，来共同承担创业成果和风险。

美国还出台了相关政策推动中小企业发展。中小企业是创业活动实践的主要场所，是创新创业成果孵化基地，因此要加强大学与中小企业的联系，为中小企业发展提供便利。1982年，美国颁布《小企业创新发展法》，规定美国政府要为小企业科技创新提供财政支持，实施“小企业创新研究”项目（SBIR），激励小企业之间的科技竞争，为创业教育提供良好的创业环境。在美国实施SBIR计划的20余年里，政府各部门共发布了268个招标说明书，征集了40万个创新研究课题，资助了65 000个项目，投入资金130亿美元，支持教师的创新创业教育研究。

2. 多元化资金来源，完善的融资体系

美国高校创新创业教育有多元的融资渠道，除了政府经费拨款、社会企业资助，还有校友捐赠以及各种基金会的赞助等。

在美国，高校与成功校友的联系紧密。校友在离开学校后还能够为母校做贡献，这在美国高校资金来源中占很大的比例。基金会的支持有社会基金会、成功创业者成立的基金会以及创业种子基金等。例如，考夫曼基金会在 8 所美国大学发起“考夫曼校园计划”，除了 5 年内能得到考夫曼基金会 2 500 万美元的赞助，还需配套另外的 7 500 万美元用于全校性创业项目改革。考夫曼基金会支持大学创业教育建设，鼓励大学创业项目的转型，为创业教师进行创业教育研究以及课程研发提供经费。

3. 培训项目众多，培养手段灵活

为对创业教师进行专门化培训，美国开展了许多培训项目，除了各高校创设创业教育中心，为创业教师提供交流和实践平台，还有联合各高校乃至世界范围的创业教师培训项目，以支撑教师业务能力的发展。“普莱斯—百森伙伴项目”在这方面所做出的贡献不可忽视，该项目组织成功创业者和富有经验的教师召开“创业教育者研讨会”，构建国际性的创业教育教师培训框架，为百森商学院及世界各高校创业教育培养了大批优秀教师。

二、日本创新创业教育教师培养

日本和中国同为亚洲国家，虽然历史渊源与我国在传统文化、教育文化上有着很多共同之处，但相较于我国创新创业教育发展的不尽完善，日本创新创业教育发展过程中已累积了丰富的经验，在师资培养方面的实践的成功与不足之处都能为我国提供参考。

（一）日本创新创业教育发展演进

在泡沫经济破灭之时，大力发展创新创业教育对日本来说是经济的助力剂，承载着经济恢复腾飞的重大使命。此外，经济的萧条使就业形势愈发严峻，失业率增高，高等教育的大众化、普及化造成就业机会与需求之间的差距扩大，提高创业意识、支持创业活动就显得越发重要。另外，日本人口结构老龄化严重，随着老龄化趋势的发展将出现严重的劳动力不足，国家、产业和学校层面的方针都面临调整，日本政府将国家战略从“技术立国”调整为“科技创新立国”，企业从模仿型走向创新型，大学也承担起教育学生主动创业的任务。创新创业教育在教育领域是一个崭新的理念，在日本发展的时间也不长，大致可以分为以下几个发展阶段。

1. 探索阶段（20世纪60年代—20世纪70年代）

第二次世界大战以后，美国等国家对日本进行教育改革，废除双轨学制，取而代之建立单轨学制，日本教育受美国注重实用的教育的影响，为创业教育的出现奠定了基础。在20世纪60年代，日本的经济发展对高科技人才和技术工人的需求量变大，大学教育注重培养科技类人才，也积极和企业联系并开展一些“产学合作”。为了满足企业发展的要求，除了企业开展培训机构，学校教育也为更多人提供技术培训，开展一些简单的管理营销等课程。日本教育从精英教育向大众教育过渡，对创业教育之路开始进行探索。

2. 起步阶段（20世纪80年代—20世纪90年代）

随着经济全球化的发展，日本传统产业的局限性逐步凸显。要推进经济的进一步发展，促进产业转型，就离不开一批高质量的创新创业人才，因此日本教育逐渐注重学生创新能力的培养。20世纪80年代中期，日本在高校开展创业教育讲座，积极与企业合作进行专业实践。尽管采取的手段还比较简单，但日本的创新创业教育已经慢慢起步。

3. 发展阶段（20世纪90年代—2000年）

20世纪90年代，日本泡沫经济破灭，传统产业遭受严重打击，企业积极进行产业结构优化升级。在这一时期，政府推出一系列科技创业扶持政策，以发展新兴产业。1998年日本推出《大学促进技术转移法》，日本大学与企业之间的关系更加亲密，创业活动蓬勃开展。此外，日本高校创立了“企业见习制度”，一般实施时间为两到三天，培养学生的职业观念和工作能力，但涉及程度较浅。

4. 成型阶段（2000年至今）

2000年以后，日本教育改革国民会议正式提出了“创业家精神”的概念。[①] 日本高校针对社会人士和在校学生开设创业课程，提高大众的创业意识以及创业能力。早稻田大学主要针对社会人士开设“傍晚集中讲座”，内容包括行销、经营计划等。日本攻击手商业学校开展了“事业计划立案讲座”，也是针对社会人士，利用特定的短暂的实践来为他们授课。2002年，日本官产学合作促进会议强调了产学合作和创业教育的重要性，并通过产学合作机制、育成中心等推动大学创业教育活动。日本逐渐形成了系统化的官产学创新创业协同体制。

① 张昊民、陈虹、马君：《日本创业教育的演进、经典案例及启示》，《比较教育研究》2012年第11期。

（二）日本创新创业教育师资培养

高质量的教师队伍决定着创新创业教育推进的水平，但一直以来，师资培养都是各国创新创业教育开展过程中的薄弱环节，日本也不例外。因此，吸引、培养既具有理论水平又具备创业能力的“双师型”教师是日本创新创业教师培养的重中之重。

1. **师资构成**

日本明治大学的网站资料显示，创业教师有 75 人，其中专任教员 14 人，特聘教授 4 人，特任委员 2 人，兼职讲师 52 人，客座教员 3 人，组成了一支专兼结合的师资队伍（表 4–5）。学校鼓励有创业背景或创业经历的教师担任专职教师，在全世界范围内聘请高水平教授，吸收社会上的创业资深人士兼职教学，而客座讲师一般具有一定的社会地位，大多有自己的公司，对创新创业问题很有发言权，能够传授学生很多经验。

表 4–5　日本明治大学创新创业教育师资情况

日本高校	专任教员	特聘教授	特任教员	兼职讲师	客座教员
明治大学	14 人	4 人	2 人	52 人	3 人

另外，日本采取专兼结合的师资结构，建立了校内师资与校外师资相结合的教师制度。校内教师既有企业经营管理背景的教师，又有理工科背景的教师；在校外有风险投资经营者、金融机构投资商、经营顾问、律师、会计师、税务师以及各支撑部门负责人等。校外教师涉及的领域广泛，创业经验丰富，具有很强的实践指导性。校内教师讲授创新教育相关课程，如市场营销、经营管理、MBA 课程等，为学生创业打下理论基础；校外教师通过企业讲座讲授经验，提供学生创业实践平台，指导创业实践活动等。

日本在创新创业教育的开展过程中也很重视嘉宾的参与，邀请有创业经历者、风险投资家以及从事银行证券的金融人士授课。日本还开设了捐赠讲座，吸引了更多专家、合作机构，并且捐赠讲座的数量也在不断增加。

2. **课程建设**

不同的创业课程对教师的知识体系要求也不同，完善的创新创业教育课程意味着需要更多专业的创新创业教师。日本进行课程开发时会考虑公司的人才能力需求，形成配套的课程体系。总的来说，日本高校的创业课程大致有三类：MBA 课程，MOT 课程，创业能力开发、人格培养课程。MBA 课程开展创业家培训，开展风险企业论讲座，面向学生以外的社会人士；MOT 课程注重学生技能，也教授与企业内部运作有关的经营、管理、金融等知识；而创业能力开发、人格培养课程是与创新创业直接相关的知识课程以及实践课程，如早稻田大学的“风险企业创业家培养基础讲座”、立命馆大学的“产学协同创业教育计划”等。要满足日本高校的创业课程教授，开展长期的风险企业论讲座，就需要大量的具有创业实践资质的讲师。在这一点上，日本高校与产业进行了深度的合作，为高校源源不断地提供创业讲师。而讲授经营、管理、金融知识以及理工科技术的讲师就需要高校其他学科教师兼任。

3. 培训方式

日本高校对创业教育教师要求既有理论指导能力又有创业实践能力，具备“双师型”素质。为了培养更多“双师型”创业教师，日本采取了很多灵活的教师培训方式，形成理论和实践相结合的教师培训体系。主要方式有教员企业研修制度，让创业教育教师能够更多地了解创新创业机会；企业参观制度，让教师去企业参观，了解企业运作方式、经营模式以及实践经验等，并与企业家进行深度对话；社会人讲师派遣制度，派遣社会企业优秀管理者作为创新创业教育兼职教师到不同高校为学生传授经验。此外，还有针对创新创业教育教师的培训支援计划，创立大学、学部和学科交流平台，联合创业教育相关教师、校友、企业家共同推进产学合作的创业师资培养计划。

在教师的培训上，日本也广泛引进了国际创新创业项目，如“创办和改善你的企业”项目、国际创新创业发展协会项目、“了解企业”项目、“冒险事业实验室”项目等，选拔部分大学教师和企业人事参加培训，让这些人才在日本创新创业教育本土化的发展过程中做出更多的贡献。

4. 支撑体系

日本创新创业教育在发展过程中形成了官产学协同体制，由政府主导，社会企业参与，学校配合，共同支撑创新创业教育师资队伍发展。首先，日本政府除了进行教育体制改革以引导创业教育发展，还调整教育制度以扩大师资。其次，在资金方面，日本政府完善了风险投资体系，对中小企业进行创业融资、出资以及补助金支援，参与高校创新创业教育。企业与高校在互惠互利原则下进行深度合作，不仅为学生提供人才支援计划，还为创业教师提供创业机会支撑，丰富创业经验。

三、国外创新创业教育教师培养的启示

通过对美国、日本的创新创业教育的发展研究，结合我国实际，笔者发现有许多值得借鉴之处。

（一）因校制宜，打造不同创新创业教育模式

美国高校根据自身发展目标及特点分为了磁石模式、辐射模式以及聚焦模式等教育模式，并依据模式特性开发课程、组织教育教学活动。我国高校数量众多，发展状况不尽相同，因此从上而下地对所有高校实施一种教育模式是不合适且不现实的。普通地方高校应明确本校发展创新创业教育的目标，只有厘清了发展目标，选取合适的教育模式，才能进一步规划教学任务，有针对性地培养创新创业教师及学生。

积极促进创新创业教育观念的转变，从传统的教育观念发展为多元化的教育观念。解放教师和学生的思想，探索多元化的创业教育模式，尝试不同的创业教育方法，在理论研究和实践探索中形成符合学校实际情况、学生实际需求的创业教育理念。根据创新创业教育模式的不同，各高校应开发出一整套多层次、系统化的创新创业课程，建立具有本校特色的教学运作系统。

（二）营造创业氛围，调动社会资源

在美国，全社会形成了浓厚的创业氛围，将创新创业教育看作高校、政府、企业、教育人员等全社会的共同责任，并充分调动一切可调动的资源以服务创新创业教育。我国要达到这种“全民参与”的程度还有很长的路要走。要明确创新创业教育的重要性，各行各业都需要创新创业教育来培育人才，这样才能调动企业积极性来参与高校创新创业教育活动。但创业氛围的营造并非一朝一夕，也不能只靠一兵一卒的努力，创新创业教育每个环节的参与者都应该重视起来，在潜移默化中形成，这需要一代甚至几代人的共同努力。

美国高校创新创业教育事业获得了联邦政府和社会各界的大力支持，形成了政府与社会“双轮驱动”的资金帮扶体系。[①] 日本高校创新创业教育资金主要有政府和金融机构两大来源，金融机构发挥了重要的作用，形成了具有“金融特色”的资金帮扶体系。除了有大量的财政拨款支持，日本还通过制定中小

① Nnditsheni J. Muofhe and Willem F. du toit, “Entrepreneurial education’s and entrepreneurial role models’ influence on career choice,” *SA Journal of Human Resource Management*,9,no.1(2011)：243–257.

企业法规政策来吸引企业入驻高校，建立强大的企业资源平台。一方面企业为教师提供创新创业培训平台支持，另一方面高校教师作为企业发展的技术指导，为企业提供技术上的支持，形成完善的互利互惠系统。我国也应该加大资金投入力度，在注重创业园孵化器硬件设施建设的同时，吸引企业支持高校创新创业教育工作，鼓励金融机构设立创业基金。

国外在社会资源的利用上更加充分，我国最容易忽视校友资源，而校友捐赠在美国已成为创新创业教育资金的重要来源之一，日本庆应义塾大学的“三田会”也是推动该校创新创业教育发展的重要力量。我国是人才大国，高校每年培育的学生成为各界精英、国家栋梁的更是不计其数，而创业成功的优秀校友资源是一笔不可小觑的财富，是社会与高校之间的桥梁，通过校友网络，可以源源不断地为母校输送校外创业指导人才，为校内教师、学生创业培训提供平台，为高校创新创业教育建设筹措资金。

（三）完善创新创业相关机构设置

我国高校对创新创业教育定位不清，管理机构职责不明确，创新创业教育始终处在一个尴尬的地位。有的高校创新创业教育归学生管理机构管理，有的隶属于就业部门管理，还有的管理独立学院管理，机构设置更是五花八门，没有统一的规定。机构设置上的不完善就直接导致创新创业教育很难实现系统化管理，各方分工不明晰。

美国斯坦福大学设立了创业教育研究中心，作为管理创业教育工作的主要机构；伊利诺伊大学设立了创业教育委员会，负责协调、指挥全校范围创新创业教育工作的开展；麻省理工学院创业中心附属于斯隆管理学院，主要负责招收有技术背景的学生进行商业与技术的更好结合。我国高校也应当完善创新创业教育相关机构设置，厘清各部门职责，确保在创新创业教育进行的每一个环节都有对应的管理机构或每个环节都能采取有效的管理措施。具体做法如下：建立学科中心，开发创新创业课程，完善创新创业教育体系，扩展创新创业研究范围；建立创新创业教务管理机构，统一安排师资的招聘、管理与培训，制定合理的薪资管理办法，安排教师课程与工作，提供教师培训项目；建立创业活动园，进行产学合作，与企业接洽，为教师与学生提供实践平台；建立创业孵化中心，促进创业实践成果的转化。

（四）通过学科建设培育后备教师

创新创业教师的高要求和低质量之间的矛盾已成为制约创新创业教育发展的重要因素。“质量”既要求质又包括量，因此扩大教师数量和提高创新创业教师质量的举措要齐头并进。美国、日本的创新创业教育体系比较完善，并通过完善创新创业学科体系、开设博士项目来培育后备教师。我国创新创业教育起步较晚，还未形成完善的学科体系，高校在本科研究阶段没有系统化、网络化的创新创业学科，在研究生阶段的学科也较少，博士更是没有相关的学科。这也反映了我国创新创业教育还没有引起应有的重视，因此要提高对创新创业教育的重视程度，积极开发创新创业教育课程，充盈创新创业学科体系，使之成为一个完整的先进的学科。成熟的创新创业学科体系会带来大量创新创业学习者。在以往的实践中，创业学更看重的是创业活动实践，注视科技成果的转化，对学术性没有提起重视，缺乏发展博士生项目的意识。将创业作为一个完整的学术领域，提供专业的博士生课程和研究训练，培养大量投身创业教育的教师，是创业教育可持续发展的途径。

（五）加强教师培训，提高教师待遇

国外针对创新创业教师采取了多样的培训模式，开展了各种培训项目。美国、日本创新创业教育师资与创业项目的发展同步进行，依托科技产业发展来培养更多创新创业人才，进行产学协作；政府也通过拨款经费、制定政策推进师资培养。除了产学共建的师资培训活动，还有校内交流培训、校际的遣派学习以及国际上的组织合作。而在我国，对于创新创业师资的培养主要采取校本培训，比较有权威性的能进行创新创业教育教师培训的项目也只有国际劳工组织开发的 KAB 和 SYB 项目。

中国创新创业教师理论知识不足，经验欠缺，应重视对其开展培训工作，理论知识、授课方法与企业实践三类培训缺一不可。① 理论知识培训主要培养专家学者型的教师，使其掌握丰富的创新创业教育理论知识进行授课；授课方法培训是教给教师进行创新创业知识教授时根据教授内容采取合理适宜的教学方法，对于非教师职业的校外导师卓有成效；企业实践很好地弥补了校内创新创业教师创业实践的不足，使其对创业教育有更深刻的领悟，避免创业教育“纸上谈兵”。

加强教师培训也在一定程度上满足了教师的职业价值追求。除此之外，美国设立捐赠席位，采取公正且具竞争力的薪资政策，弹性的工作时间，设立健康储蓄账户以及提供人寿和伤残保险，享受健身项目、免费护理等福利，激发教师积极性，稳定创新创业教育师资队伍。我国创新创业教育教师的待遇和普通教师基本相同，但因身兼创新创业教育和专业教育双重职责容易带来薪资管

① 闫佳祺、关晓丽：《美国、英国和日本高校创新创业体系的多案例研究及启示》，《当代教育科学》2015 年第 21 期。

理的混乱，而且也没有其他额外的福利待遇，对创新创业教师的引聘没有很大的吸引力。

我国高校可以为创新创业教师付费进行研修培训，提供适当的奖励福利，设立荣誉席位等激励创新创业教师。

第三节　高校创新创业教育教师培养机制实施策略

通过对国内创新创业教育教师状况的深入了解，我们可以借鉴国外创新创业教育教师培养的有益经验，构建一个适合我国发展状况的、行之有效的创新创业教育教师培养机制。根据参与创新创业教育活动的政府、社会、高校和教师的不同作用以及培养创新创业教师过程的不同方面，将培养机制分为五个部分，即协同育人机制、宏观政策调控机制、培养管理机制、监督反馈机制以及质量保障机制。各个部分发挥各自的作用，共同维护创新创业教育教师培养机制运行。

一、协同育人机制

明确政府层面、高校层面以及企业层面所能提供的帮助，充分整合政府、社会、高校及教师自身的各类资源，形成协同育人机制。

如图 4-3 所示，政府对创新创业教育的重视体现在国家政策、财政投入和基础设施的投入上，通过政策推进产学合作，促进创业实践项目生成，通过基础设施建设推动高校创业园区的建成，并投入经费；社会参与高校的创新创业教育，启动相关创业实践项目，提供交流合作平台；高校整合政府、社会以及自身的资源，完善学科建设以培养创新创业教育教师，使创新创业教师授课质量提高，培养出社会所需的创新创业型人才，并将创新创业成果进行孵化，为合作企业创收，促进社会新增企业数量的增加，进而推动 GDP 的提高，而 GDP 的提高也正是政府重视创新创业、企业参与创新创业、学校进行创新创业教育的动力源泉。这样一个环环相扣、机动运行的协同育人机制，可以保障创新创业教育教师培养的动力输入。探索建立校校、校企、校地、校所乃至国际合作的协同育人新机制，积极吸引所能利用的一切社会资源投入创新创业教育教师培养。

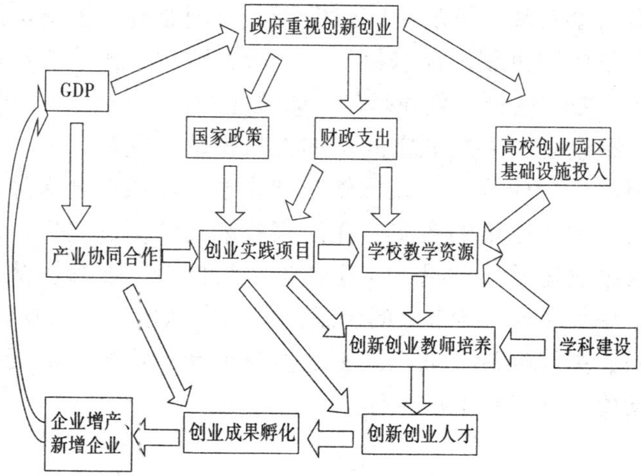

图 4-3　协同育人机制

二、宏观政策调控机制

创新创业教育师资建设并没有专门的国家层面的政策，大多作为创新创业教育发展中的一部分被提及，相比于政策文件层出不穷的大学生创新创业教育，这一部分很容易被忽略。国家政策是全社会一切机构、组织、个体的所有行为活动的导向，因此政策先行对培养创新创业教育教师十分必要。从国家层面发布宏观政策，强调创新创业教育发展的大方向，加强创新创业教育师资队伍的建设，如图 4-4 所示。

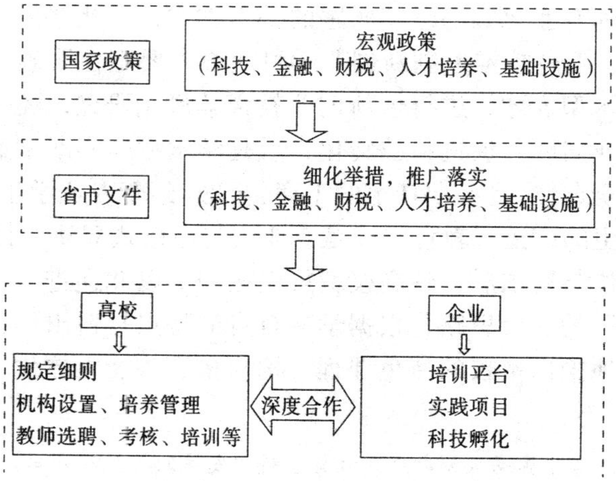

图 4-4　宏观政策调控机制

首先，加强国家宏观政策的统筹。发挥大众创业万众创新部际联席会议统筹作用，建立高效协同机制，促进科技、金融、财税、人才等支持创新创业政策措施有效衔接。为营造创新创业环境，鼓励企业同高校合作，激发创新活力，适当简政放权，给企业更多发展空间。加大财税政策支持力度，推进创新创业基础设施以及服务平台建设，为高校创新创业平台提供资金保障，使更多教师参与培训。其次，细化政策的落实。在国家政策文件下达之后，各省市迅速反应，根据宏观政策制定具体举措，层层递进，将创新创业师资队伍建设落到实处，高校也组建专兼结合、高水平的创新创业师资队伍，采取有效的管理措施。最后，由点到面、由浅至深、从上到下地做好创新创业教育师资队伍建设的相关制度规定的宣传、落实和推广工作。

三、培养管理机制

我国创新创业教师管理混乱的问题由来已久，因此做好教师的培养管理工作是重中之重。培养管理机制的构建是构建创新创业教师培养体制最重要的部分，包括后备教师培养、教师选聘、教师培训、教师考核四方面的内容。

（一）后备教师培养

创新创业教师数量远远不能满足创新创业教育的需求，而要扩大教师规模，不仅需要高校进行学科建设，培养专职教师，还要积极引进企业兼职教师。

1. 学科建设

构建创新创业教育学科，既是克服创新创业教育功利化、短时化的重要途径，又是加强教师专业化和心理归属感的基本方式，还能够成为创新创业教育发展的内生动力。[①]高校推进创新创业学科建设，要定位明确：明白学科的目标定位是培养学术型人才，进行创新创业教育学科化研究，还是培养实践型人才，进行创新创业实践并促进科技转化，或是学术型与实践型兼顾；要确定创新创业教育的受众定位，是面向特定的工商、金融、经管专业学生的专业式教育，还是面向全校学生的广谱式教育，或是专业式与广谱式双轨并行。

厘清这些定位与要求后，各高校就可以按照“以此递进、有机衔接、通专结合、校企合作”的建设思路，根据学校自身的特点打造出创新创业教育核心课程，因地制宜地推出本校的特色课程，构建多层次、立体化、全覆盖的创新

① 胡洪全、丁昌林：《中国高校创新创业教育学科化发展的特性及方向》，《继续教育研究》2017 年第 1 期。

创业教育课程体系。针对学术型创新创业人才，开发创新创业知识类课程，如企管知识、金融知识等；针对实践型创新创业人才，进行商务管理学习、创业活动实习、技术系创业等实用型的知识课程。针对广谱式创新创业教育，为全校学生提供基础的没有专业限制的创新创业通识课程学习，如创业精神论、创新意识激发课程等；针对专业式的创新创业教育，可以结合专业进行拓展，还可以将创新创业教育与专业教育融合起来，通过课程改革项目形式鼓励专业教师加入创业教育教学改革中，开发专业类创业课程。此外，创新创业学科建设还需要跨学科协同建设，建立有针对性的学术运行机制。

2. **企业合作**

吸引企业管理人员、风险投资家、金融人士、公司董事及经理等作为创新创业教师进入高校指导创新创业课程，能够扩大创新创业师资队伍，增强队伍的多样性，多方面满足创新创业教育的需求。这部分人士有的从企业管理人员转变为高校专职教师，有的做兼职教师或参与创业讲座分享成功经验，具有丰富的创业实践经验。要扩大这一部分师资力量，就要有优惠的政策，如通过学校提供优厚的薪酬、授予教师荣誉，政府提供创新创业项目资金等手段来吸引一批创新创业教师。

（二）教师选聘

创业导师在人才培养过程中更适宜走精英培养路线，各项要求应较为严格，因此导师的选聘要注重质量，且不拘一格。[①] 由于不同高校创新创业教育发展情况不同，对于创新创业教师的招聘要求也不同。一些学校已经对招聘要求规定得很详尽，但很多高校对教师的招聘标准模糊笼统，指向不清定位不明，难以满足教学需求。

根据创新创业教育教师师资问卷调查中教师与学生期望对于师资构成这一问题的调查结果，教师与学生对成功创业者、企业管理人员作为创新创业教师进行授课的愿望普遍比较强烈，因此应加强校外成功企业家的引进。在选聘要求上，可以借鉴厦门大学嘉庚学院的做法，针对创新创业教育工作的不同内容，对创新创业教师进行分类招聘且细化条件要求。

总的来说，在教师选聘上，首先要明确选聘标准，制定学术与实践上的要求规定，筛选合格的创新创业教师；其次，做好校内推荐和校外引进，做好校内培养，将创业教育融入其他专业教育之中，并鼓励专业教师做好创新创业工

① 郭峰、李锋、邹农基：《创业导师制：大学创业教育人才培养的新机制》，《江苏高教》2014 年第 5 期。

作，与社会企业进行深度合作，邀请企业管理人员、成功创业者进行创新创业教育课程讲授或者参与创业讲座，拓宽师资来源渠道，面向社会进行招聘；最后，对于专职、兼职的教师划分不同的职责，对于理论授课和实践授课的教师要有不同的要求。

（三）教师培训

造成我国创新创业教育教师质量良莠不齐的主要原因是从事创新创业教育的教师缺乏专业性的培训。从之前的调查数据中发现，很多教师在进行创新创业课程教授前并没有经过培训，一些教师是从事这一职业后才接受了专业的培训，因此要建立一个教师培养培训机制，让教师都能接受系统化、专门化的创新创业教育培训，组建一支专兼结合的、理论与实践兼具的“双师型”师资队伍，提高授课水平。

从教师发展需求出发的培训，才是适合有效的培训，能够激发教师参与创新创业培训的积极性。之前的问卷调查结果显示，对于创新创业教育的内容形式，教师对个性化的创业指导、进行创业实践以及与创业者交流认可度较高，因此进行创新创业教育教师培训也可以采取这样的方法。了解教师的发展需求与个人认知，选择适宜的培训内容与方式，明确培养怎样的创新创业教育教师。

首先，创新创业教育教师，是否有创业意向，对创新创业教育教师这一职业是否有认同感，教师的责任感、专业性以及积极性，对培训的期望需求都影响到教师培训的效果。

其次，根据教师的职责培训相应的内容，根据教师的特点采取适合的培训方式。培训内容应该包括意识观念培养、创业理论知识、创新创业技能实践以及创新创业教育与专业教育融合：树立创新思维与创业观有利于学生就在嘎嘣创业活动；创业理论知识是进行创新创业教育所必备的知识基础；创新创业技能实践的学习可以避免“纸上谈兵”，将创新创业理论转化为具体实践；创新创业教育和专业教育融合大大适应了不同专业学生的学习需求，真正做到因材施教。而培训应采取启发式、讨论式、参与式和探究式等研究性教学方法，保持手段的灵活性和层次的丰富性，激起教师参与热情。例如，理论知识的培训中，可以用传统的教授方法，还可以用头脑风暴法、案例研究法等；在实践技能的培训上，应该大胆探索、不拘一格，运用情景模拟、商业游戏、嘉宾访谈、实地参观等方式让教师投入培训之中，获得更深刻的体验。

最后，明确培养怎样的创新创业教师，这是创新创业教师培训中最根本性的问题，没有培养目标，培训过程将毫无意义。通过培训，创新创业教师应该在知识、能力和素质方面都达到一定的要求。要培养出拥有创新创业知识与技能，拥有创新创业能力、产学研合作能力、应用人才培养能力、教学指导能力，具备优秀道德素质、理论实践兼顾，具备双师型素质、创业心理素质的高水平、专业性的创新创业教育教师。

加强创新创业教师培训，还应该大力推进培训项目的建设。目前，我国已采取的培训方式有省市级委培、校企合作培训、国际合作培训以及校本培训，其中我国高校实施最为广泛的是校本培训，而其他几种培训的参与者还是占少数，所以这就需要学校、企业、政府进行充分合作，号召更多教师参与培训计划。此外，还可以在国家层面建立一个国培计划，面向全国创新创业教师，将眼光放长远化，全国各地的创新创业教师都能交流心得与经验。除了线下培训活动，还要做好网络培训平台建设，形成“互联网+”培训服务体系，进行线上的创新创业教师培训。

（四）教师考核

教师考核是创新创业教师培养管理中至关重要的环节，具有调节和导向作用，因此完善创新创业教育教师的评价考核标准，加强对创新创业教育教师的考核评价，应该作为教师资质认定的重要内容。虽然创新创业教育教师工作具有特殊性，不能够完全量化，但是可以将能够量化的指标纳入考评体系，将无法量化的指标作为绩效奖金评定的依据。对于能够量化的一部分工作，应该制定完善的评估考核指标，通过考核结果的合格与否来决定创新创业教师淘汰与否。

1. 评估考核指标

高校教师绩效考评应充分反映教师的整个工作表现，除了教学与科研业绩，还应包含对教师的行为投入的考评，使考评过程能够充分反映教师工作的有效性，同时体现高校自身的文化与战略发展目标。[①] 根据创新创业教育教师考核标准的调查结果，对指标进行筛选，重新提炼归类，剔除科研这一相关性较小的指标，将教学成果从教学管理中分离，通过重新整合把考核体系分为教师素质、教学和成果三大模块，其中教师素质主要考核教师的道德素养、知识水平和观念，教学上要考核教师的教学态度、能力、方法以及工作量，成果要考核教师的创业课程、学生的实践等，以学生评价、教师自评、专家评审、主管领导评价的方法对教师教学进行评价反馈。

---

① 郑艳：《高校教师绩效考核评价体系研究》，硕士学位论文，大连海事大学管理学系，2011，第 16 页。

2. 评估考核体系

建立创新创业教育教师评估考核体系，第一，明确考核标准，考核标准应包括教师素质、教师教学以及教师的教学及科研成果，在有关指标的权重上各高校可以根据实际情况灵活确定；第二，确定考核人员，确定由哪些成员或团体来开展创新创业教育教师的考核工作，应有学生评价、教师自评、专家评审以及领导评定等；第三，选定适合的考核方法，不仅可以根据考核标准来进行定量考核，还可以通过访谈等进行定性考核；第四，定期对创新创业教师进行考核；第五，得出考核结果，由考核结果来判断该教师是否合格，是否应该淘汰，并及时进行反馈调整。这一过程应该是动态的过程，在考核中不断完善指标，以使考核体系更加完善。

四、监督反馈机制

在创新创业教师教学的监督反馈机制上，我们应该充分考虑大学生的意愿，结合教师的教学过程和创业实践过程建立包括评价标准、评价内容以及评价方法在内的综合评价机制，建立监督部门，能够及时对教学反馈做出反应，建立快捷有效的反馈机制，将反馈信息传达到创新创业教育主管部门，进一步科学协调创新创业教育工作，提高创新创业教育质量，建立创新创业教育专项信息渠道，由学生代表、创业教师、专家及主管领导商议，共同处理信息以及制定改善方案。

要建立监督部门，就应完善创新创业教育组织机构建设，设立校级创新创业教育领导小组，成立大学生创业服务中心或者创新创业学院，包括成立明确的创业教育师资管理部门，各级创新创业小组以及成立专家、顾问委员会，对创新创业教育过程进行监督。

明确各部门的职责，校级创新创业教育领导小组为一级职能部门，进行统筹领导。教学指导委员会、创新创业学院以及专家指导委员会为二级职能部门。其中教学指导委员会负责创新创业课程开发相关的事务，建立创新创业课程开发中心以及案例数据库。创新创业学院设立教学事务管理中心、师资事务管理中心、学生管理部门以及创业项目支持基地。教学事务管理中心负责学院教学事务，如制订创新创业培养计划，安排创新创业课程等；师资事务管理中心负责管理创新创业教育师资问题，如经费管理、业务考核以及教师培训等；学生管理部门管理学院的学生日常事务和思政工作等；而创业项目支持基地不仅负责大学生创新创业竞赛以及创新创业项目管理，还要联合孵化基地，提供创业指导和企业实训，并将创新创业成果进行转化。专家指导委员会主要由校内专家导师以及校外企业家创新创业导师组成，提供创新创业教育咨询，对创新创业实施过程进行监督，从专家的角度提出一些建议。各部门各司其职、互相合作，共同完成创新创业教育教学过程，根据教学实施情况和对学生创业就业信息的跟踪，对创新创业教学情况进行反馈，将结果反馈到一级、二级职能部门，以促进创新创业教育过程的不断优化。

五、发展保障机制

设立发展保障机制来为创新创业教育教师培养机制的有效运行保驾护航，一是形成创新创业的文化氛围与环境，提供一个良好的运行环境；二是制定有效的教师激励机制，提高教师参与的积极性。

（一）创新创业环境保障

要在全社会形成创新创业的氛围，需要社会各方的共同参与。政府方面，提高对创新创业的重视程度，制定政策以推动创新创业活动的开展，加大经费投入为创新创业奠定物质基础；社会企业方面，要以科技促生产，积极建设高校创新创业联合培养平台，形成创新创业的社会舆论；学校方面，先进的教育教学设施、丰富的科研教育资源、优美自由的校园环境、浓郁的创新创业氛围缺一不可。要营造并培育鼓励创新、支持创业、积极进取、敢于探索的校园文化氛围，在潜移默化的熏陶中培养学生的创新创业意识，通过举办各类创新创业大赛、创新创业活动来进行校园创新创业文化建设，要完善创新创业基础设施建设，建立创业园区以及孵化基地，利用广告橱窗进行宣传与展示，大力号召教师进行创新创业培训，提高教学质量水平。

（二）教师激励保障

制定一整套符合本校实际的创新创业教师激励制度是最直接的、也最根本的保障手段。提高教师在创新创业教育中的参与感，提高对创新创业教师的重视程度，第一步就是要科学地创新创业教师的身份地位进行定位，结束我国高校创新创业教师处境尴尬的局面。在明确了创新创业教师地位之后，就应该从教师需求出发，搞清楚教师真正追求的目标，有针对性地采取措施。根据人本管理理论，充分考虑教师的心理需求，可将教师的发展追求分为三个层面，即物质需求、荣誉需求以及职业发展需求，分别针对这三个方面给予创新创业教育教师物质奖励、荣誉奖励以及职业发展培训机会。

创设创新创业教育专项奖励金，建立科技成果收益分配机制；评定创新创业优秀青年导师，授予创新创业导师荣誉席位，将创新创业教育成果纳入职称评定中；扩大创新创业教师在企业中挂职锻炼比例，提供教师免费参与创新创业培训机会等。

第五章　高校创新创业教育平台搭建与策略分析

第一节　国内典型高校创新创业教育平台搭建模式

进入 21 世纪以来，许多发达国家的政府纷纷将创新创业教育作为本国未来富有挑战性的人才培养战略，积极部署高校创新创业教育的实施计划，掀起了一股知识经济背景下的创新创业教育浪潮。近几年，我国高校学生的创新创业教育成为高等教育人才培养实施过程中的一项重要内容。特别是在目前我国倡导“大众创业、万众创新”的大背景下，国内很多高校通过自身的实践探索积累，纷纷搭建了富有自身文化特色的创新创业教育平台。本书试图以山东大学西格玛众创空间的建设发展为例，通过总结在搭建平台过程中的发展阶段进程、管理模式等，探讨创新教育平台今后预期的发展趋势特征，以期促进我国当前创新创业教育的健康发展。

一、国内几所典型高校创新创业教育平台搭建模式综述

本书选取了我国几所具有代表性的高校创新创业教育平台作为探讨分析对象，并根据这些学校的实际运作部门层次和模式将其划分为升级转换型、职能延展型和自动自发型三种类型。

（一）升级转换型

所谓升级转换型，是指高校将之前在学校设立的工业工程训练中心等机构，

根据当前教育教学功能目标的转变，升级为学生创新实践教育平台。例如，清华大学的 i.center 前身即为清华大学的工业训练中心[①]，上海交通大学的工程训练中心现改建为“学生创新中心”等。此类高校原有的以提供实验教学为主要任务的工程训练中心正在为满足校内师生的创新实践需要而进行功能升级转换，原有的服务管理模式也随之发生转变，此类平台的工具性价值得到了更有效的体现。

（二）职能延展型

目前，我国很多高校都成立了创新创业学院。笔者对高校进行调研后了解到，当前部分高校的创新创业学院的机构职能设置是由学校现有的职能部门机构联合组建的。这些参与组建的职能部门包括本科生院（教务处）、研究生院、学生工作部、团委、就业指导中心、对外合作发展部门等。同时，这些职能部门原有的一些创新创业外延平台也被作为学校创新创业教育资源的一部分加以整合利用。例如，山东大学就业创业中心与外部企业联合在校内搭建的凤岐茶社、盈创空间；山东大学团委搭建的创 E 家空间、叶子咖啡；上海同济大学团委搭建的创业谷等，都属于职能延展类型。此类平台均由学校各职能部门或合作单位实际管理运营，具有活动组织、项目资源对接便利等优势。

此外，清华大学的 X-LAB 也属于职能延展类型的一种运作模式。X-LAB 是由清华经管学院发起并联合校内 14 个院（系）以及清华科技园等外部合作机构共同搭建的创意创新创业教育平台，主要面向清华的全体学生、教师以及校友，为他们提供免费的创新创业工作空间，并提供系统的咨询、培训及资源对接等服务。它也是被北京市科委首批注册批准的众创空间。

（三）自动自发型

2001 年，由美国麻省理工学院比特和原子研究中心尼尔·哥申菲尔德教授发起建立的微观装配实验室，在短短十几年的时间里，已经在全球十几个国家内建立，并形成了全球 Fab Lab 网络。创新创造研究这种原先仅在高等院校、科研机构开展的活动，现在正在被互联网化和去中心化。申请加入 Fab Lab 全球网络的组织只要能够按照 Fab Lab 创建组织的要求开展相关活动，并通过邮件信息授权，即可分享尼尔教授的网络公开课程资源。全球各地的 Fab Lab 也可以对相关创意产品进行相互交流切磋。以 Fab Lab 为代表的此类由个人或非

① 李双寿、杨建新、王德宇、付志勇、顾学雍：《高校众创空间建设实践——以清华大学 i.Center 为例》，《现代教育技术》2015 年第 5 期。

正式官方组织自发搭建的创新平台，本书将其定义为自动自发型。2014 年，中国第一个开放创造实验室“Fablab-Shanghai”在上海同济大学设计创意学院成立，在这里不但在校大学生可以享受开放实验室所提供的各种资源，而且社会外部人员只要有兴趣也可以享受其提供的资源。

华中科技大学于 2008 年成立的启明学院属于国内高校搭建交叉创新教育平台较早的先行示范典型。在启明学院搭建的创新教育平台内有若干个不同主题、管理相对独立的创新团队，其中一支名为 Dian 团队的创新实践组织，最初以维修电脑、电器起家，在学校刘玉老师的组织带领下目前已发展为有着严格的准入机制和自创管理模式的特色创新人才培育平台。Dian 团队已培养了几百名高素质工程创新人才，孵化了几十支成功创业团队。每一名 Dian 团队的正式成员在组织内都有一个 ID，如果成员能够顺利出站，这个 ID 将是伴随终身的荣誉标志。Dian 团队倡导“干中学”的培养理念，主要以与外部合作机构开展实践项目作为人才培养的途径。Dian 团队的发起成立、运转管理均是校内人员自发组织起来的，因此属于自动自发型。

在此需要说明的是，以上高校创新创业平台搭建模式类型的划分仅限于针对校内学生开展创新教育培育的部门组织机构，并没有涵盖目前高校内建立的大学科技园、大学与政府或企业机构合作设立的专业产业孵化器、产业园等机构。

二、众创空间搭建过程实例

西格玛众创空间（以山东大学为例），前身是山东大学计算机学院、软件学院在济南软件园校区搭建的学生创新实践平台。2015 年，该学院以学生创新实践平台为基础向济南市科技局申报了第二批“泉城众创空间支持计划”并获得批准，2016 年 3 月通过了山东省科技厅首批众创空间注册备案。学生创新实践平台在发展之初是由在校学生科技社团组织——“搏创俱乐部”自发成立的主题创新实验室发展而来的，因此西格玛众创空间按本书分类标准也属于自动自发型。

（一）平台发展进程

从创新平台的形成过程和管理运作模式的变化可以将其发展总结为三个阶段。

最初因兴趣而结合在一起的学生群体是驱动创新平台实验室建立的原动力。学生自发成立科技类兴趣社团，并以松散的组织方式进行联络互动，这个时期可概括为凭条发展的第一阶段。

随着校园内不同类别社团数量增加，相近类别的社团群体之间出现了互动和竞争，不同类型的科技创新活动增多，因此学院职能管理部门对学生创新活动进行了分类引导，并提供了开展专项活动的物理空间，主要以专业学习导向为主线设立了ACM、嵌入式、多媒体、移动互联、大数据等兴趣相关主题实验室。本学院学生可以根据自己兴趣选择参加不同主题实验室来开展创意创新活动，这是平台发展的第二阶段。

随着学生开展创新活动的不断深入，不同兴趣小组开展的创新活动丰富多彩，学生团队的成员组成已超出了学院范围，学生兴趣群体之间对各类资源的竞争也表现得更为突出。有些学生群体在现有几个主题实验室框架外提出了新的学习实践和组织形式要求，学生参与创新活动的途径不再仅仅停留在科技竞赛活动上，还与外部社会机构进行应用项目合作开始增多还有些学生在开展创新实践项目的基础上有了创业行为。这标志着平台进入第三个发展阶段。

（二）活动形式内容、途径

根据平台内各个主题实验室日常开展的活动的形式内容，可以概括为以下几个方面。

一是学生群体的自我学习机制。平台内各实验室每周会以热点技术、研发经验分享为主题开展内部学习交流活动。不同实验室的老成员会有针对性地对新加入的新成员进行技术实践指导并分派学习任务。每学期平台内会推荐有实践经验的高手面向校园学生开设公开分享课程。

二是学生日常参与创新实践活动的途径主要包括国家各级教育和科技部门、国内外各类与IT相关企业发布组织的“主题竞赛活动”，学校设立的“科技创新项目或教师科研项目活动”，“社会外部单位项目活动”以及“自行研究兴趣项目活动”。

三是建立校外导师资源库。平台在与外部机构合作中（包括校友资源），聘请相关技术专家、工程师、管理专家、天使投资人等作为平台支撑学生团队发展的智囊导师。

四是设立创新项目实践奖学金。平台每年会面向各实验室成员组织创新项目奖学金申报活动，并对申报项目进行现场交流展示。项目奖学金的申报不设基本门槛条件，主要将项目的创新性和应用性作为评审的关键指标。

（三）组织管理模式

一是设计搭建扁平化的矩阵式组织管理架构，目的是为了便于各个实验室和各个项目组之间的互动学习交流（图 5-1）。各实验室的成员平时根据兴趣在相应实验室进行日常的学习交流，如果平台内有实践项目发布，各实验室成员可根据兴趣能力进行交叉组合组建项目组，而平台内根据各项目组的学习实践需求提供软硬件资源支持，并对项目实施过程质量进行跟踪评价。平台内的资源实行统筹管理、实现资源共享。

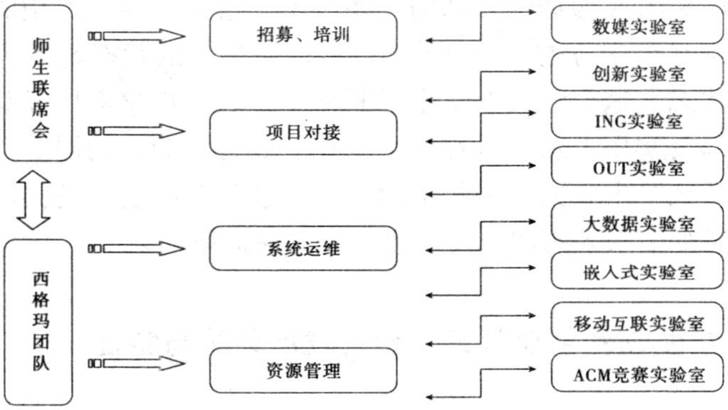

图 5-1　平台组织架构图示

二是搭建线上平台项目管理系统。根据实践平台的实际运转和日常管理需要，在平台内部自主设计搭建了一套项目管理系统。系统功能主要包括项目需求发布、项目立项审批、项目进度管理、平台资源管理、完成项目展示等内容模块。平台系统内会根据参与人完成的实际数据指标情况进行详细记录，而所有在项目管理系统中参与实践项目的学生，都可以在系统中导出自己的业绩表单作为以后求职和申请学位的一项专业实践能力依据，如图 5-2 所示。

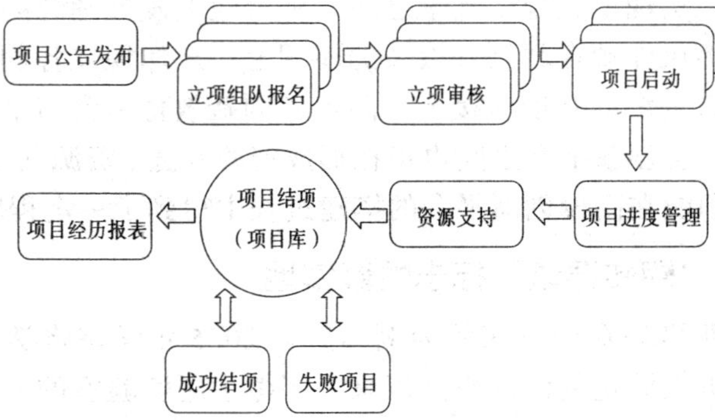

图 5-2　平台项目管理过程图示

（四）平台搭建的意义

从西格玛创新平台搭建运转的实践探索中可以看出，以兴趣驱动为入口，为学生提供有针对性的实践途径是开展学生创新实践活动的有效推动力和前提。通过激发学生的专业学习兴趣，让大家带着兴趣主动参与“玩”起来的过程即是主动式学习的前期目标。学生通过在“玩”中学习程度的不断深入，兴趣的驱动力逐渐扩大并渗透为外部的一些压力性指标（与同类相似项目的关键性指标比较，满足需求方的具体要求等），进而学习的状态转变为完成实际实践创新项目的状态。这个阶段是学生不断探索尝试、积累实战经验的过程，也是学生承受外部真实压力感的过程。学生在发展自身能力的同时，探索、了解外部世界。从“玩”中学到“干”中学，这一过程实质上也是促进学生社会化程度的过程，对学生未来的职业发展规划有着深远影响。

三、高校学生创新创业教育平台的发展趋势与特征

（一）开放、包容、共享

随着我国各高校创新创业教育平台搭建工作的不断深入推进，创新创业平台向着越来越开放的方向发展。很多平台除了为在校学生提供基本的学习实践服务，同时面向教师和已毕业的校友进行开放，甚至有些高校的平台已面向社会大众群体开放。开放提倡突破固有思维模式和接受外部新事物的一种态度。包容的文化理念强调的是学校对人才培养目标和实施途径的可兼容性，允许和尊重师生个体、团队在追求创新实践过程中的试错，形成和完善各个平台运转的容错机制。

平台内的资源实现最大程度共享已成为平台建设发展理念的一种共识。平台内的资源共享不仅体现在软硬件设备的使用上，还体现在各创新团队实践项目资源和人力智力资源的互动对接上。高校各创新教育平台与平台之间、高校教育平台与外部社会创新平台之间也正在形成资源互通、资源共享的发展趋势。大学服务社会的职能在高校创新平台的搭建过程中得到了一定程度的体现。

（二）成为“翻转课堂”标志性聚集地

以山东大学西格玛众创空间的为例，其自 2005 年学院将学生兴趣社团进行了分类引导并提供固定的活动空间以来，兴趣主题实验室的人数每年都在增加。由于学生兴趣实验室的物理空间资源变得越来越稀缺，运作平台的管理部门对兴趣实验室人员的准入资格设置了门槛，并在各实验室内建立了激励和退

出机制，这导致各个实验室学生团队之间的竞争意识逐渐加强。一些学生团队在此环境中形成了自身特有的学习机制和学习文化形式，学生在课余的时间也热衷于待在兴趣实验室内进行自我学习实践。有的实验室形成了每周固定技术讨论交流时间，在这里参与完成技术经验分享的人员能够获得一种真正自我学习的认可感。

（三）交叉创新和承接外部需求服务成为推动学生创业行为的主要影响因素

学生创新实践活动不断深入的过程也是其从“玩”中学到“干”中学的过渡转换过程。通过对比不同创新教育平台开展的实践活动，发现学生群体学习参与创新课题和项目背景越来越趋向于交叉创新性。以山东大学西格玛众创空间为例，根据近几年跟踪统计的学生参与创新实践项目数量类型结果显示：2014 年平台内学生参与提交完成的阶段性创新项目共计 38 项，其中跨领域交叉创新项目约占总体项目的 30%；2015 年，交叉创新项目占到 35%；2016 年，平台内共提交创新项目 40 项，其中交叉创新类项目数量达到了总体的 50% 左右；2017 年至 2018 年，交叉创新性质的项目占总数的 65%。

有些学生团队在参与创新实践项目活动或承接外部单位委托开发的实践项目的基础上，获得了天使投资或一些经济收益，团队成员从中积累了一定的实战开发经验，甚至有些团队成员以此为基础开始了创业。从 2012 年至 2018 年底，在西格玛众创空间孵化的学生创业团队达到了 15 支。

（四）去中心化

正如凯文·凯利在《新规则新经济》中所表述的那样，去中心化是互联网时代的文化特征。它不存在中心，不存在既定轨道，没有什么是一成不变的。在点对点的互联网上有百万级的用户，以最少的管理，最大数量的连接，他们所能完成的事情远远超出我们的想象。我们还不知道去中心化的极限是什么。对高校搭建创新教育平台来说，随着社会网络信息化程度的逐渐加深，各个高校内的创新组织、平台将会是我国发展创新型社会的必不可少的网络节点。

因为去中心，所以平台空间内的每个团队、团队中的每个成员都是中心，在团队开展工作实践的同时，每个人又以他人为中心，这种自下而上的组织构建和学习模式，使校园真正成为一个平等且富有活力的创新实践中心。

随着《中国制造 2025》行动纲领的不断推进，我国高校创新创业教育平台迎来了新的发展机遇，许多高校都制定了深化创新创业教育改革的具体实施方案，大学生创新创业教育正在被高校全面融入自身的人才培养体系当中。同时，高校创新创业教育平台今后的发展建设面临着巨大的挑战。如何结合当前的发展形势，有效利用资源，培育符合社会发展需要的创新型人才，是高校教育工作者的责任。

第二节　高校“三位一体”创新创业教育平台构建策略

随着党的第十九次人民代表大会顺利召开，“大众创业、万众创新”理念出现在人们的视野中，创新创业已然成为当今社会发展的主旋律。在这一时代发展的背景下，培养大学生们的创新创业意识，就成为现阶段高校教育工作者研究的重点内容之一。[①] 近几年，科学技术水平的提升，为搭建大学生创新创业的教育平台提供了更多的机会，不仅推动了现阶段大学创新创业教育课程的开展，同时还从根本上缓解了就业压力，有利于实现预期的高等教育目标。

一、“三位一体，协同创新”背景下构建大学生创新创业教育平台的举措

近几年，随着高校就业压力的不断增加，“三位一体”的平台构建模式出现在人们的视野中。通常情况下，研究中所讨论的“三位一体”模式大都是高校、社会企业以及政府三方协同，带动青年创新创业。这一理念的推行，不仅能够推进教育和实践两者之间的有效联合，还能最大程度上发挥高校、企业以及政府对于大学生创业的帮助，保持社会多方协同发展的良好势头。因此，本书认为构建大学生创新、创业教育平台可以从以下几个方面入手。

（一）由高校层面入手——为大学生构建创新创业教育课程的设计体系

从目前的高校教育环节来说，通常会选择给予学生额外学分的方式来鼓励学生进行创新创业活动，但是这一模式的自主选择余地过大，很容易造成学生对于创新创业教育平台接受程度的不足，这不仅限制了这类课程的覆盖范围，同时影响创新创业教育平台在教学过程中的实际效果。针对这一问题，学校应

---

① 刘耀玉、付百学、王锐、程子原、杨林：《大学生创新创业教育平台构建及应用研究》，《经济研究导刊》2019 年第 23 期。

从现阶段创新创业教育平台应用现状入手进行研究，优化传统的创新创业平台运行方案，同时将创新创业平台的应用融入学生实际的专业课程中去，进而从根本上实现开展这一课程的目标。

例如，在实际的高校创新创业课程教育平台构建过程中，授课教师应将创新创业教育平台与实际的课程内容进行融合，实现平台的多方面渗透，同时让学生在大学生活的点滴中感受到平台应用的重要性。另外，高校应根据学生的不同阶段，将创新创业课程划分为选修部分和必修部分，从而帮助创新创业理念和平台能够在学生群体中推广开来，保障实际的课程开展效果。

（二）由企业层面入手——为大学生提供创新创业教育精准的实践平台

对目前的高校教育来说，虽然大学毕业生群体的就业压力大幅增加，但是在实际的教育过程中仍旧存在或多或少的重理论轻实践问题。与此同时，高校创新创业教育对于实践的轻视不仅体现在实践平台的不完善，还体现在对于实践课程重视的不足。由此，在这一背景下，如果想要构建适合大学生群体的创新创业教育平台，就应该积极地与企业进行融合，着眼于未来社会的发展需求，通过企业的加入，为大学生提供更多、更贴近实际的教育课程，综合校内、校外多方面的优势，实现协同教育的根本目标。①

首先，可以由企业与学校联手，构建校企联合背景下的基础实践、产业孵化等多类型平台，进而帮助大学生获得更好的教学课程平台使用效果。其次，应着眼于教育课程平台的基础建设，增加学校构建这一平台投入的人力、物力成本，着眼于社会的客观需求，拓宽基础实践训练的范围，在根本上提升大学生的实践效果。最后，学校应和企业联合，构建校企合作平台，组织学生积极地参与各类型创新、创业活动，为后续提升大学生群体的创新创业能力打下基础。

（三）由人员层面入手——为大学生配备创新创业教育专业的教师团队

就目前高校开展创新创业教育的教师团队而言，其中很大一部分都并非专业的教师，不但对创新创业没有比较深刻的认识，而且有关创新创业的基础知识比较薄弱。另外，很多教师也并没有经历过创新创业，这就导致他们课程的

① 杨俊鹏：《“互联网 +”环境下创新创业信息平台构建研究——以大学生创新创业教育为例》，《读与写（教育教学刊）》2019 年第 1 期。

内容、形式比较单一，无法激发学生创新创业的热情，进而影响后续平台的构建。高校应针对这一部分人力资源的管理进行完善，从而最大程度上提升教师团队的专业性，同时从根本上提升教师团队对于教育的指导能力，从而实现创新创业教育平台构建的根本目标。

高校应组织从业教师进行系统的创新创业师资培训，一方面提升教师对于创新创业的实践能力，另一方面帮助教师积累更多有关创新创业的经验，丰富平台内容，从根本上帮助学生规避创新、创业过程中可能存在的风险、隐患。

（四）由政府层面入手——为大学生营造创新创业教育落实的良好环境

目前，部分高校在构建创新创业教育平台时会出现基础设施匮乏等问题，因此政府应充分地发挥其自身优势，从政府、监管部门方向入手，帮助学生形成对于创新创业教育的多方面认知，而从根本上实现创业平台构建的切实目标。

政府可以积极参与到平台的构建过程中，加强与企业、学校之间的合作互动，同时通过平台让学生更多、更全面、更真实地了解社会上创新创业的发展，从而实现创新创业教育的根本目标。

二、“三位一体，协同创新”背景下构建大学生创新创业教育平台的实践效果分析

基于上述研究，在“三位一体，协同发展”的背景下，我国部分大学将原有的校内、校外资源进行了系统的整合、规划，构建了以学校为核心、以企业和政府为辅助的多方协同校内外实践创新创业教育平台，并通过开展工作室的教育模式，为大学生提供了创新创业过程中所需要的场地、设备、器材等。这不仅实现了以学生为核心的多方团队的良好运行，同时还为后续项目直接步入产业孵化器打下了夯实的基础。

综上所述，随着我国高校教育的不断突进，大学生创新创业教育平台的搭建逐渐成为现阶段高校教育的重点和难点。在这一背景下，如果想要获得更好的大学教育效果，就需要将高校、企业以及政府多方资源整合在一起，充分发挥三方在人才培养过程中的重要作用，从而从根本上实现高校教育的目标。

第三节　“互联网+”高校创新创业教育平台的构建策略

21世纪为网络信息时代，互联网逐渐渗入各个行业，并发挥着关键性作用，在教育行业也扮演着重要角色。高等教育关系着祖国的未来，所以国家对教育质量高度重视。国务院办公厅在2015年下发了《关于深化高等学校创新创业教育改革的实施意见》，文件对高校提出新的要求和任务，并强调高校创业教育的重要性。近年来，我国产业结构不断发生变化，从最初的劳动密集型转变为技术密集型，如今又转变为创新密集型。社会对创新创业型高技能人才的需求越来越多，高校作为培养社会人才的重要基地，必须要完善创新创业教育模式，推广更好的教学举措。

一、“互联网+”环境下创新创业信息服务的提出

（一）“互联网+”的内涵与本质

“互联网+”战略就是利用互联网的平台，利用信息通信技术，把互联网和包括传统产业在内的各行各业结合起来，在新的领域创造一种新的生态。北京邮电大学金永生教授认为，“互联网+”是指以互联网特别是移动互联网为主的一整套信息技术（包括互联网、移动互联网、大数据、云计算技术等），在政治、经济、社会生活各部门的扩散及应用，并不断释放出数据流动性的过程。从创新的角度来讲，“互联网+”实际上是创新2.0下的互联网发展新形态、新业态，是知识社会创新2.0推动下的互联网形态演进。“互联网+” 的本质就是传统业务的数据化和在线化。“互联网+”的动力之源分别是新的基础设施（云、网、端）、新的生产要素（数据资源）、新的分工体系（大规模社会化协同）。

（二）“互联网+”环境下大学生创新创业信息平台的提出

“互联网+”环境下的大学生创新创业教育信息平台的设计目的，是利用最新的“互联网+”中的新型信息技术，实现对大学生的创新创业意识的启蒙

和专业能力的培养。“互联网 +”环境下的创新创业平台要能实现对互联网、移动互联网、大数据、云计算技术等新型信息技术的整合和应用，并实现对各类教育资源的整合与共享，为学生在线学习提供支持。

“互联网 +”环境下的大学生创新创业教育平台本质上是一个服务平台，应能根据用户的需求为大学生创新创业实践提供一站式的服务。服务的范围涵盖从创新创业意识培养到创新创业成果转化的整个生命周期，内容既包括课程服务、项目服务等常规内容，又包括项目融资、项目产业化等创新内容。大学生通过访问该信息平台，能够了解到“互联网 +”环境下的创新创业的内容、形式、基本路径、相关技术、相关产业等信息和知识。

“互联网 +”环境下的大学生创新创业信息平台应实现对各类信息资源的集成，包括课程资源、项目作品资源、师资资源、专家资源、企业资源、知识资源等，通过各类知识库的建立，有效构建“互联网 +”环境下大学生创新创业教育的资源支撑体系；此外，平台还应实现对相关知识服务的集成和实践平台的集成，使大学生可以通过平台享受到系统化、知识化和个性化服务。

二、“互联网 +”嵌入下高校创新创业教育平台模式

“互联网 +”概念由腾讯总裁马化腾于 2014 年 4 月 21 日在《人民日报》首次提出，他指出“互联网 +”并不是简单地将互联网和传统行业融合到一起，其最重要的因素是创新，利用丰富的互联网资源和新型技术打造开放的传统行业平台。互联网为传统行业带来了巨大改变，如网上挂号、网上看病、在线旅行、网上打车，为人们的生活带来极大的便利，成为人们生活的一部分。在教育行业，互联网也发挥着重要的作用。网络创业成本低，工作时间自由，工作方式多样，为当代大学生提供了大量的创业条件，影响着高校创业教育的发展。[①]

创业课虽然能采取最传统的方式进行课堂教学，但效果并不好。传统的教学方法多注重理论上的讲解，缺少实践授课，学生理解起来很困难。互联网教学在学习方式上更加多样化，无论是线上辅导，还是线下实践，都能增强学生的学习效果，在考核上更注重能力的检测，而不再局限于对学生理论知识的掌握程度的检测。

互联网对创新创业课程有深刻的影响，改变了课堂结构和课程内容。目前创新创业教育课程已经开不离互联网了。创新创业课程可以根据学生的创业技

① 陈楚瑞：《互联网 + 视域下高校多元化创新创业教育模式构建探析》，《广东第二师范学院学报》2016 年第 4 期。

能划分多个模块（图 5-3），其中包括创业启蒙课、创业案例课、创业实践课及创业大赛，在教学结构上采用线上线下同时教学的方式，这并不等同于传统的专业课、公共课、选修课、拓展课，互联网下的教学模式可以全面培训学生能力，锻炼学生思维方式，使学生创新创业技能提高。

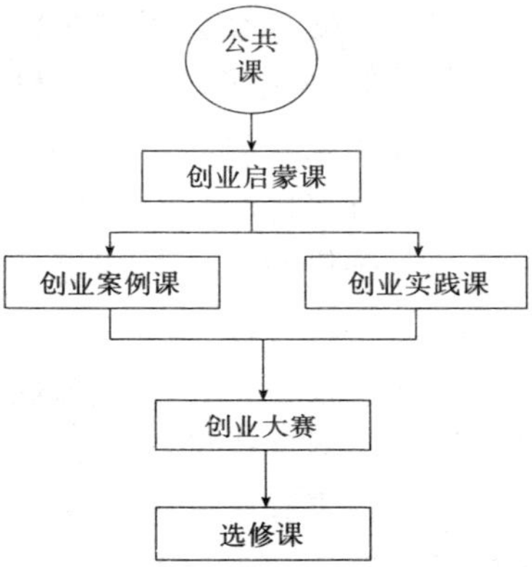

图 5-3　“互联网 +”嵌入下高校创新创业教育课程模块

三、“互联网 +”嵌入下高校创新创业教育平台构建

构建高校创新创业教育平台，先要让学生明确教育平台的目的。很多人认为构建创新创业平台就是为了“培养企业家”和“解决就业问题”，这是对创业平台的一种错误的理解，这种理解导致教育平台变成一个针对个别学生教育的平台。高校创新创业教育平台的主要目的是培养学生的创新思维，锻炼学生的创业能力。目前，高校在教育上存在很多问题，如教师虽然在教学前能明确教学目标，但只注重“传递知识”和“传授技能”，忽略了学生是否能达到教学目标，真正掌握教师传授的知识。在科技飞速发展的今天，市场竞争越来越激烈，教师不能只传授书本上的知识，死板地进行教学，更应该充分考虑学生个人的情感、兴趣、爱好，除了“授业解惑”，还要帮助学生树立正确的人生观、价值观，把握学生的思想动态及情绪变化，提高学生的综合素质。[①]

教学手段要更加多元化。教师要充分利用可以使用的工具向学生传递信息，

① 赵争、王介石、丁汪敏：《“互联网 +”背景下地方高校创新创业教育路径探索——以芜湖市 6 所高校为例》，《高校辅导员学刊》2016 年第 3 期。

传授不能停留在课本、粉笔、黑板上。互联网时代为学生提供了大量资源，也为教师提供了更加便捷的教学手段，如电子教案、多媒体课件、网络课程、远程教学、视频等都应该成为“互联网+”时代的主流教学手段。通过这些新型手段吸引学生的注意力，从而达到有效传达信息的目的，使学生能力不断提高，整个教学体系不断完善。教师可以通过社会典型企业的创业过程来帮助学生了解创业，明确如何管理，为今后的创业实践打下基础。在国外很多著名学院都会应用实践与理论相结合的教育方式，如百森商学院在培养大学生创业能力时已经摒弃了传统的授课方式，通过实地教学让学生领会创业精神，利用参观创业公司激发学生的创业热情，上述集趣味性与知识性于一身的教学方式能有效调动学生的学习积极性。

师资力量是构建高校创新创业教育平台不能忽视的因素之一。无论是什么课程，只要想取得好的效果就离不开优秀的教师，而创新创业类课程是一门集理论与实践于一体的课程，除了需要教师专业知识丰富、教学能力强之外。学院的教师还必须要经常与投资、创业、管理等方面的企业和精英交流，掌握最新的创业资讯。学校要将优秀的教师整合到一起，组建创新创业教研室，建立水平高、能力强的师资队伍，定期开展专项培训，大力培养青年骨干教师，为教师提供交流访学的机会，并鼓励教师去参观优秀的创业企业，了解创业实践经验。建立考核制度，将创新创业教育业绩列入教师专业技术职务评聘和绩效考核，实行赏罚机制，对表现优秀、能力突出的教师加以表彰和鼓励，可以通过提高教师待遇和发放奖金等方式加强教师的积极性，激励更多的教师不断进步。除本校教师以外，学校还可以大力聘请社会各界的投资人、企业名人、创业成功者、专家、学者来学校定期进行讲解，以自身的经验向学生传道授业解惑。[①]

随着教育课改的不断深入，众多高校已经把创新创业教育列入教育教学改革的范畴。虽然经过多方努力取得了长足的进步，但依旧存在很多问题。例如，改善后的创新创业教育形式依旧过于单一，缺少整体把控，也不具备系统性。因此，必须要有一个完整的课堂体系，将每堂课之间的内容生涯规划与就业创业指导联系起来，从而逐步提升学生的创业能力。在创业课程中，大学生职业和大学生就业与创业指导两门课程属于必修课，应该贯穿大学生的整个课程学习过程。除此之外，还要培养大学生的创业思维，通过其他课程让大学生对创

① 李江、戈、王义利：《“互联网+”环境下国内外高校个性化创新创业教育探析》，《创新与创业教育》2017年第2期。

业的知识框架有一个粗浅的认识，让学生对商机有一个敏锐的识别力，树立基本的创业认知。高校可以通过学分激励学生参加创业基础、创业计划、企业管理、创业财务、市场营销、人力资源及法律等系列选修课，学习更多的创业知识。开设选修课时，专业平台可以根据本院校的特点开设，对学生提出强制性要求，要求其至少选修一门，鼓励学生在学好基础知识的同时，扩大知识面，积极参加各种课外实践。学校可以组织社团，打造创业氛围，加强校园文化建设，提高学生综合水平，增加学生的社会适应能力。

教学要遵循由浅入深、循序渐进的原则，尽力保证环环相扣，在保障为学生提供充足学习空间的前提下，最大限度地教授学生知识。创业教育可以根据学生的个人特点进行针对性教学，开展咨询性服务，帮助大学生答疑解惑。除此之外，学校可以积极开展各类讲座，进行当面传授，学生跟传授者可以互动，通过这种方式解决学生面对的问题，同时提高学生的学习兴趣。教学体系要从基础性实验教学、创意性实验教学、社会性实践教学、合作性实践教学四大方面完善创新。

开设创新创业教育实践平台对发展学生的创新能力有关键性意义。理论的掌握程度取决于实践，实践也是检验真理的唯一手段。学校通过与企业合作帮助学生切实感受创业氛围，而在这一过程中企业通过学校选择学生，学生也可以通过学校选择企业，达到互惠互利双赢的结果。

四、高校创新创业教育平台总体架构与功能设计案例

（一）平台的总体架构设计

“互联网 +”环境下的大学生创新创业教育平台的架构设计，需要采用“云计算”的相关技术实现对大学生创新创业教育各项信息服务环节的综合集成。因此，本书提出了三层架构的“互联网 +”环境下大学生创新创业信息平台框架体系，该平台由网络基础设施层（IAAS）、平台层（PAAS）、服务应用层（SAAS）三个部分构成。

1. 网络基础设施层

网络基础设施层是“互联网 +”环境下大学生创新创业教育平台运作的载体，用户通过 Internet 可以从完善的计算机基础设施获得服务。用户能够部署和运行任意软件，包括操作系统和应用程序。用户不用管理或控制任何云计算基础设施，但能控制操作系统的选择、储存空间、部署的应用，也可获得有限制的网络组件（如防火墙、负载均衡器等）的控制。本书构建的基础设施层平台，

部署了WEB服务器集群、应用服务器集群、数据库服务集群、接口服务器集群。信息平台的用户可以快速访问相应的存储服务，并有效节约平台搭建及运营成本。

2 平台层

平台层包括数据中心、大数据管理平台、服务总线三个部分。数据中心可实现对大学生创新创业信息平台的数据分布式存储，中心数据库包括课程资源库、视频资源库、项目资源库、专家库、统计分析库、社区资源库、政策资讯库等。大数据管理平台基于“云”基础架构层、大数据基础架构层、应用开发基础架构层实现数据资源调度。基于SOA面向服务架构，平台服务总线为用户提供统一的基本信息、业务信息、管理信息等服务接口。

3. 服务应用层

服务应用层基于目前主流的软件应用模式，搭建大学生创新创业教育平台开展各项服务的窗口，为用户提供大量应用。通过“互联网+”环境下大学生创新创业信息平台的网站、App、WAP站、微信公众平台、客户端，实现创新创业信息发布、在线课程学习、创新创业项目介绍、用户管理（注册、充值、交易等）、虚拟互动交流、中介服务等模块功能。同时，实现同高校、企业原有资源平台系统的对接，打造一体化的大学生创新创业教育平台体系。

（二）平台的功能设计

1. 信息发布模块

信息发布与服务是“互联网+”环境下大学生创新创业教育平台的最基本功能。信息发布界面是用户进行登录之后最先体验的界面。为提高平台的吸引力，信息发布界面应体现良好的导航性和交互性。信息发布页面应该为用户设置导航按钮，便于用户更为直观和清晰地了解整个平台的内容分布。为普及创新创业知识，帮助大学生快速掌握创新创业知识，信息发布页面设立常见问题解答（FAQ）数据库，对大学生在创新创业学习与实践过程中常见的问题进行解答。学生可以通过政策法规数据库了解国家“互联网+”环境下的创新创业发展战略和行动计划、学校关于大学生创新创业工作的各项制度安排和支持政策。活动信息主要包括主办机构举行的各类线上线下活动。一般而言，信息发布页面应包含检索入口，用户可以通过关键词检索等方法实现对全站资源的快速访问。通过信息发布模块，大学生能对“互联网+”大学生创新创业信息平台的目标、功能和资源有概要性了解，进一步明确利用需求，进行更为深入的学习。

2. 在线课程学习

在线课程学习模块是“互联网 +”环境下大学生创新创业教育平台的核心。平台通过集成大量的教学资源，为大学生提供立体化的教学辅导。教学资源包含课程资源、讲座与辅导、参考资料等，借助超星等阅读工具，可以实现图书的全文阅览。在线课程学习模块可嵌入多种服务模式，以个性化定制服务为例，学生可以根据自己的需求申请教学资源的定制服务。对于比较集中的需求，主办方会及时采集并补充相关资源类型；对于个性化的需求，主办方会通过电话、电子邮件等形式与用户取得联系，帮助用户获取资源。同时，利用手机 App 和移动互联网、云计算等新型信息技术为学生提供移动端学习服务、个性化定制服务，并可以利用大数据挖掘和分析学生的个性化学习需求，提供有针对性的推送服务，让学生在学习的过程中更好地掌握创新创业知识。

3. 创新创业项目

该模块主要实现以下几个功能：第一，“互联网 +”环境下大学生创新创业项目的创意采集；第二，“互联网 +”环境下大学生创新创业项目成果展示；第三，“互联网 +”环境下大学生创新创业项目培育及相关培训。大学生创意采集由用户自助生成，用户提交创意后，可由专业团队进行论证和包装，进行大学生创业计划的培育。“互联网 +”环境下的创新创业项目成果展示除了展示商业计划书，还对获奖项目的经验进行共享。项目培育及培训工作由专家团队完成，他们会对大学生创新创业项目进行跟踪辅导。

4. 中介服务

中介服务模块为成熟的创新创业项目提供一个转化的服务平台。平台主办方通过多种渠道与专业科技中介服务机构、科技型企业以及风险投资机构建立合作关系，向相关机构进行项目推介，加速科技成果向企业转移。

5. 虚拟互动社区

虚拟互动社区主要由两部分构成，一部分是基于专家团队的数字参考咨询服务，用户可以和专家团队进行实时互动，专家团队为用户提供最及时专业的服务；另一部分是虚拟社区的建立，通过论坛等形式，由用户自主生成社区内容，进行广泛的知识交流与共享。虚拟互动社区模块具有较强的扩展性和兼容性，为未来提供手机 App 服务预留接口。

第六章　高校创新创业教育实践教学体系构建

第一节　高校创新创业教育实践教学体系构建的基本理论

《国家中长期教育改革和发展规划纲要（2010—2020 年）》和《教育部关于全面提高高等教育质量的若干意见》都要求在高等教育中开展创新创业教育，培育创新创业人才。第十三届全国人民代表大会第三次会议期间，李克强所作的政府工作报告在谈到“依靠改革激发市场主体活力，增强发展新动能”时指出，要深入推进大众创业、万众创新。

国家这些政策的出台，充分体现了创业教育在高等教育中的重要性和战略性意义，也使创业教育成为今后一段时期内各大高校关注的热点和焦点问题。虽然创业教育在高等教育中已经有所展开，各项实践活动也取得了一定的成绩，但不可忽视的是，理论与实践脱节成为制约创新创业教育效果提升的关键问题。而当前关于创新创业教育的相关理论研究和实践尝试多集中于理论知识的传授和模拟层面的探索，关于创新创业教育实践教学体系的成果和实际操作并不多见。创新创业教育的本质和特点决定了实践教学是创新创业教育必不可少的环节，是培养大学生创新创业意识、创新创业能力的具体途径。培养学生创新创业能力最重要的是将创新创业思想体系、知识能力结构体系和实践教学体系融为一体，形成使知识快速转化成能力的教学体系。因此，创新创业实践教学体系的构建是开展创新创业教育的当务之急。

一、实践教学对创新创业教育的重要性

实践是创新创业者锤炼的最好方式。创新创业教育是一项实践性很强的教

育活动[①]，学生的创新创业意识、创新创业精神、创新创业思维等创新创业综合素质，只有付诸创新创业实践才能折射出其价值和意义，创新创业能力和素质也必须在实践中才能得到提升。

实践是创新创业者个人价值和社会价值创造的载体。创新创业者既是实践者，又是宣传者。创业离不开创建或运营经济实体，具有极强实践性。客观上，它要求创新创业者通过实践整合和修正概念性的认识和思维，完善素质结构，积累初始经验。而通过实践活动的开展，在积累个人经验的同时，实现了个人价值和社会价值的创造。实践教学是创新创业教育不可缺少的环节。创新创业精神、创新创业能力需要学生在学校学习阶段逐渐培养，通过系统的理论教学和实践教学活动，向学生传递生产经验和社会生活经验，引导他们树立创新创业意识，掌握创新创业知识和技能，启迪思维，发展兴趣，注重创新创业精神的培养和就业观念的转变。

二、创新创业教育实践教学目标

创业教育是素质教育、知识教育、能力教育和就业教育四位一体的教育，教育宗旨是“培养创业意识、激发创业热情、训练创业技能、提升创业能力”。根据这一教育宗旨，创新创业教育实践教学目标应该是，通过创新思维训练、创业活动操作，培养学生的创业意识和创业品质，提升学生的创新创业技能，促进学生创业理念的全面形成。

三、创新创业教育实践教学体系的构成

本着理论和实际相结合的原则，注重知识、能力、素质协调发展和共同提高，根据以上创新创业实践教学目标，我们构建“四阶段、四层次”创新创业实践教学体系。

（一）四阶段

四阶段即创新创业认知实验阶段、创业素质实训阶段、创业实践模拟阶段和自主创业实战阶段。创新创业认知实验主要集中在大一进行，创业素质实训集中在大二开展，创业实践模拟集中在大三展开，自主创业实战在大四开始并

① 李飞标、徐志玲：《论创新创业教育的实践教学体系的建设》，《继续教育研究》2011 年第 6 期。

可持续至学生今后的职业生涯中。

（二）四层次

四层次即创新创业知识认知层次、创新创业素质养成层次、创新创业模拟实习层次和创新创业实践操作层次。创新创业知识认知层次将采取课程实验的形式展开，主要通过开设创业素质测试、职业生涯规划等实验项目对学生创新创业天赋予以评测，并培养学生的创新创业意识和精神；创新创业素质养成层次采取素质实训的方式，通过开设不同类型的素质拓展训练项目展开素质养成实训；创新创业模拟实习层次则借助创业实训软件进行创业全程的仿真模拟，在虚拟环境中对创业各阶段工作进行模拟运作，并通过团队合作，使学生掌握创业基本技能；创新创业实践操作层次是创新创业实践教学的最高层次，学生将通过注册公司，开展实际生产管理运作等系列活动，真实运作企业，全面实现创业的实际运营。具体构成如图 6-1 所示。

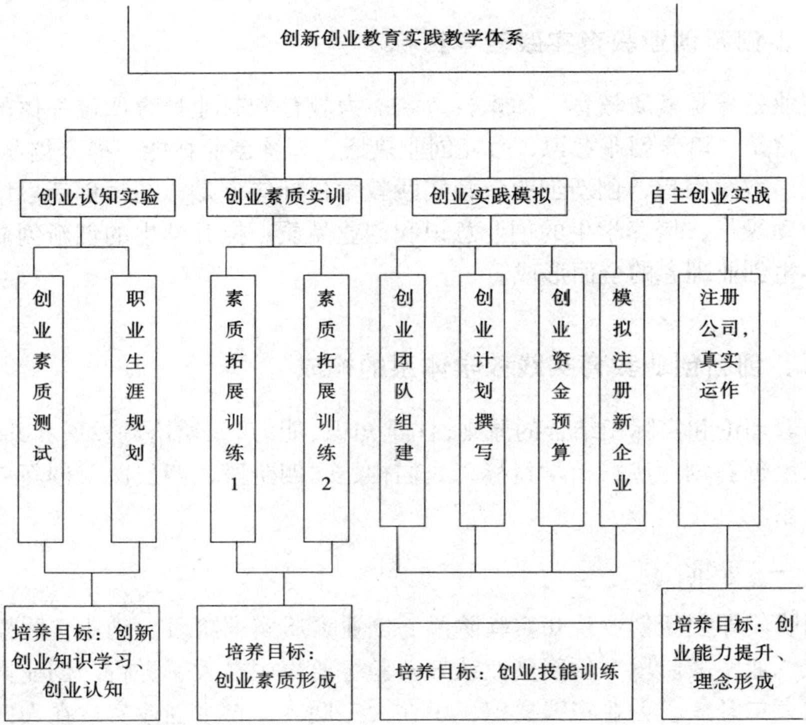

图 6-1　创新创业教育实践教学体系

综上所述，基于四位一体理念的“四阶段、四层次”创新创业教育实践教学体系从创新创业教育的基本规律出发，形成了理论认知→专项素质形成→综合能力模拟→实际运营操作的层层递进的实践教学链条，环环相扣，层层递进，缺一不可，充分体现了创新创业教育实践教学体系教学目标的要求和能力培养的诉求。

第二节　高校创新创业教育实践教学体系构建的保障体系

要确保创新创业教育实践教学体系有效运作，真正实现实践教学目标，必须建立配套保障体系。配套保障体系由五部分构成，即制度保障体系、组织保障体系、实践教学平台保障体系、实践教学师资保障体系和资金保障体系。

一、制度保障体系

创新创业教育虽然在近年来受到越来越多高校的关注，但卓有成效地全面实施的院校并不多。缺乏有效的制度保障是影响实施效果的关键因素之一。创新创业实践教学的开展不仅需要大量的人力、物力和资金的投入，还需要相应的激励机制的建立和政策的保障，因此创新创业实践教学的顺利实施需要学校层面相关政策、制度的支持和统一管理。学校必须从系统管理的层面、从师生利益诉求出发，建立制度体系，为创新创业实践教学的开展提供有力的制度保障。具体而言，教学层面上，制定创新创业教育相关学分管理制度；创新创业管理层面上，建立创新创业成果激励制度、创新创业指导成果评价制度；物质保障层面上，建立创新创业教育专项资金投入和管理制度。

二、组织保障体系

为加强创新创业实践教学管理，需组建相应的组织体系，确保管理工作落实到位。对于创新创业教育实践教学的日常管理，可建立校、系两级实践教学督导委员会，对日常教学活动的实施进行督导检查；对于创新创业成果的评价和奖励，应建立校、系两级创新创业成果鉴定评价委员会，处理成果级别鉴定、成果奖励认定等事宜。通过以上组织机构的构建，对创新创业教育实践教学的实施进行有效的监督和积极的激励，在确保创新创业教育实践教学管理规范化的同时，不断提升教学效果和创业质量。

三、实践教学平台保障体系

“四阶段、四层次”实践教学内容的开展各具特色，对教学条件的要求也各不相同。尤其是第三、第四层次的实践教学，必须具备相应的条件方能实施。为此，需要针对不同阶段、不同层次的实践教学设计不同的实践教学平台。根据各阶段、各层次特点，我们设计如下实践教学平台，具体构成如图 6-2 所示。

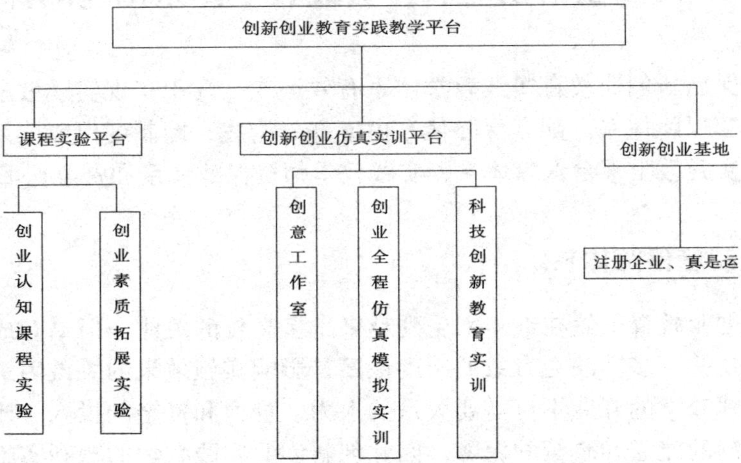

图 6-2　创新创业教育实践教学平台

课程实验平台主要开展创业认知和创业素质训练的课程实验，需要建立课程实验室，配备创业素质测试系统软件。它主要通过开展创业素质测试、职业生涯规划、创业素质拓展训练等实验项目实施教学。其中，创业素质测试通过计算机软件系统测试完成，创业素质拓展训练则通过实践教学教师组织学生在课程实验室开展实训游戏和项目来完成。

创新创业仿真实训平台主要开展创意的产生和创业全程的仿真模拟。创意工作室主要采用头脑风暴法进行创意的征集，尽可能多地汇集最新创意，为创业项目的选择提供依据。创业全程仿真模拟实训主要通过创业模拟软件的模拟操作开展创业各阶段业务的模拟运作。这需要购置创业实训软件，并建立独立的实训实验室。科技创新教育实训则主要开展大学生科技文化竞赛训练。指导学生利用创意工作室产生的创意，依托在创业全程仿真模拟训练平台，参加挑战杯、三创赛等比赛，营造浓厚的创业氛围，提供仿真的创业体验和训练，促进学生创业技 能的形成。

创新创业基地主要进行创新企业的实际运作，是创业企业的孵化器。在基地内，将创业模拟实训阶段的成果进行实际应用，按照工商管理相关规定注册企业，组织生产、营销等系列活动，真实运作企业，创造经济价值。在此基础上，带动相关项目创办新企业，孵化出更多的创业企业，吸纳更多的学生投入创业实践，真正实现学生创业能力的全面提升。创新创业基地在发挥主要功能的同时，可以作为实现“产学研”一体化的桥梁，通过开展业界专业人士的创新创业专题讲座、创业经验交流、创业案例点评等活动，建立企业与院校的合作平台，积极开展课题合作、校企工作人员交流互动、职业经理资格认证培训。借助多元化的合作模式吸纳更多的教师和学生加入创新实验、创业实践，使师生双方取得双赢效果。

四、实践教学师资保障体系

在创业教育中，教师团队是一个关键的影响因素，教师的水平直接影响创新创业教育实践教学的成效。[①]创新创业教育实践教学的实施离不开教师的指导和指引，而创新创业实践教学的特点决定了实践教学指导教师应具有创新的理念、开拓的视野、丰富的实践经验和良好的品质。对长期从事理论教学，主要活动于高校内部，缺乏实践经验的现有高校师资队伍来说，很难满足创新创业教育实践教学目标的要求。因此，创新创业教育实践教学师资保障体系由两部分构成：一是高校内部具有创新创业教育实践和实际操作经验的校内师资，二是来自业界的校外实践教学指导教师。校内师资主要负责第一阶段创业认知实验、第二阶段创业素质实训、第三阶段的创业实践模拟的教学活动。第四阶段的自主创业实践则需要外部实践教学指导教师发挥主导作用，校内指导教师发挥辅助管理作用，同时积累自身的实践经验。因此，师资保障体系要求院系建立外聘实践指导教师激励管理机制，以确保师资队伍规范、有效地开展实践教学各项工作，确保创新创业实践教学目标的实现。

① 张敏：《浅谈本科院校创业教育实践教学体系的构建》，《吉林工程技术师范学院学报》2012 年第 11 期。

五、资金保障体系

创新创业教育实践教学平台的建设需要大量资金购置设备、配备实验场所，进入自主创办企业阶段更需要启动资金开展实际运作。因此，创新创业教育实践教学体系的有效运作取决于是否有充裕的资金保障。此外，要调动师生参与创新创业实践的积极性，需要建立激励制度，这也需要资金的投入。而创新创业实践教学管理的各环节同样需要必要的资金投入。因此，应设立创新创业专项基金，用于资助学生开展科研创新活动和创业计划，支持并组织学生参加全国有影响的创新科技竞赛，表彰在学生学术科技创新活动中表现突出的个人和集体，奖励优秀学生的科技学术成果和优秀指导教师的工作付出。同时，为有发展前景的应用性科技成果的转让与开发、有条件创办企业的实际运作提供资金支持。为确保资金使用的科学性和规范性，资金保障体系包括专项资金划拨制度、专项资金管理办法、资金使用效益评价等主要内容。

第三节　构建科学、系统的创新创业教育实践体系的路径

创新的概念是 1912 年奥地利经济学家约瑟夫·熊彼特在《经济发展理论》中提出的，并于 1939 年在《景气循环论》中将创新理论加以完善。他认为，创新是“建立一种新的生产函数”，将原始生产要素重新排列组合为新的生产方式，以求提高效率、降低成本的一个经济过程 。

教育部办公厅于 2018 年颁发了《关于做好深化创新创业教育改革示范高校建设工作的通知》（教高万函〔2018〕20 号），在更高层次、更深程度、更关键环节上深入推进创新创业教育改革，坚持强化关键领域、优化资源配置、凸显示范引领，以深化课程、师资等重点领域改革为主线，深入推进创新创业教育与专业教育、思想政治教育、职业道德教育紧密结合，深层次融入人才培养全过程，带动全国高校创新创业教育工作取得新成效、开拓新格局、开创新未来，着力构建中国特色、世界水平的创新创业教育体系。

科技是国家强盛之基，创新是民族进步之魂。我国要建设世界科技强国，关键是要建设一支规模宏大、结构合理、素质优良的创新人才队伍。作为创新创业教育主阵营的高等学校需要积极整合资源与学科优势，努力加强和推进新形势下大学生创新创业教育工作，充分发挥高等教育作为科技第一生产力和科

技创新人才培养基地的独特而重要的作用。[①]

本书从创新创业人才培养的内涵出发，结合北京邮电大学信息与通信工程学院创新创业教育的实际情况，对系统的、科学的创新创业教育实践体系的构建进行了研究。

一、创新创业教育实践体系的构建研究

构建系统的、科学的创新创业教育实践体系需要将创新创业课程建设、教法改革、实践训练等环节整合优化。创新创业教育实践体系的基础设施主要以创新创业硬件支撑平台和软件支撑平台为基础，建立硬件支撑平台和软件支撑平台时需结合学科的特点，有针对性地建立相应的硬件支撑平台和软件支撑平台。除提供创新创业资源和基础设施之外，创新创业教育实践支撑平台还需建设配套的创新创业实践培训体系，提供从课程制作到创业实训的一系列的创新创业教学培训。另外，完整的创新创业教育实践体系还需要配备专家支撑体系，为将来使用创新创业教育实践支撑平台的师生提供必要的专家指导。本书提出的系统的、科学的创新创业教育实践体系，如图 6—3 所示。

图 6-3　系统的、科学的创新创业教育实践体系

（一）创新创业教育实践支撑平台的搭建

搭建硬件支撑平台和软件支撑平台时需结合学科及专业的特点，有针对性地建立相应的硬件支撑平台和软件支撑平台。北京邮电大学信息与通信工程学

① 李素芳：《“互联网 +”背景下大学生科技创新教育研究》，《学校党建与思想教育：下》2017 年第 2 期。

院针对电子信息工程专业、通信工程专业和信息工程专业，基于 Microduino 开源智能硬件搭建了创新创业实践的硬件支撑平台，采用了 Microduino 公司的 mCookie 开源硬件工具箱套件。该套件可将各种电子功能模块化，包括核心模块、通信模块和传感器等扩展模块，可以快速、低成本地搭建硬件部分原型。

学院在创新实验课中采用创新创业实践的硬件支撑平台进行了改革尝试。创新实验课程通过招募选出若干名学生，并自由分组进行自选创新项目的设计和最终的实现。经过创意设计、课题立项及评审，最终确定了“手语翻译手套”“智能腰带”“智能风扇”“基于语音控制的四旋翼飞行器系统”等 11 个创新项目。在 5 周的小学期创新实验课程中，学生基于 Microduino 开源智能硬件完成了创新项目的软硬件设计，最终的作品源代码提交到 Github 供开源应用。“手语实时翻译系统”项目参加了 2016 全国移动互联创新大赛，荣获高校组唯一一项特等奖。

创新创业教育软件支撑平台主要依托于学院纪阳老师团队设计研发的火花空间，为愿意尝试项目式学习、团队学习模式的学生提供一个学习平台。目前已开发计算机编程、电子电路原理、通信网络、数字信号处理、信息论等课程的 WiKi 线上资源，供学生在线学习使用。

（二）创新创业实践培训体系的构建研究

除提供创新创业资源和基础设施之外，创新创业教育实践平台还应担负技术推广及人才培训的责任，因此需建设配套的创新创业实践培训体系，提供从课程制作到创业实训的一系列的创新创业教学培训。创新创业教学培训包括对教师进行创新创业实训课程培训以及对学生进行创新创业实训课程培训。

通过创新创业实践培训体系的构建，可面向全体教师和学生开设创新创业教育专门课程，全面打造依次递进、有机衔接、科学合理的专门课程群。创新创业教师培训是一件融实干、研发、创新为一体的事情，创新创业理论知识、创新创业授课方法与企业实践三类培训缺一不可。具体而言，理论知识培训即加强对创新创业教育情况、创新创业教育理论研究的培训；授课方法培训采用启发式和参与式的教学模式；企业实践培训可采取“创新创业教师进企业”的模式[①]，也可以邀请创业成功人士走进校园，通过与企业成功人士进行会谈，了解企业初创过程，增强创业课程的实践性。

创新创业课程的培训可采用线上和线下模式，充分利用现代信息技术，加

① 闫佳祺、关晓丽：《美国、英国和日本高校创新创业体系的多案例研究及启示》，《当代教育科学》2015 年第 21 期。

快创新创业教育在线开放培训课程建设，推动优质培训课程资源共享。

（三）创新创业专家支撑体系的构建研究

为了更好地指导师生从事创新创业教育实践活动，可发挥行业企业优势，构建专家支撑体系支撑平台。该平台的核心是建立一个创新创业导师库，并为之建立管理规范。

导师库的导师由校内创业导师和校外导师构成。校内创业导师可在校内选拔具有创新创业经验的教师担任，灵活制定创新创业教师聘任制度，关注教师创新创业经验与能力；校外导师可定期从行业企业聘请优秀企业家、技术研发人员、投资者担任，从一定程度上弥补校内教师在创新创业方面经验不足的问题。

学院通过个人报名和学院推荐，逐步建立稳定的创新创业课程的专任教师队伍；在学院教辅中通过任务安排和兴趣驱动，逐步成立创新创业竞赛的专职辅导教师队伍；对新聘教师或者晋升高一级职务的教师，安排参加相关创新创业教育培训；逐步建立创新创业导师库，并为之制定管理规范。

二、创新创业教育实践体系的保障措施

学院成立了由执行院长、院党委书记、教学副院长、实践副院长、党委副书记及相关教授为主体的院级创新创业教育工作领导小组；形成了由教学副院长和党委副书记牵头，学院各部门积极配合的创新创业教育工作机制，构建“科教协同、行业协同、国际协同”的创新人才培养模式。

学院每年都安排专门资金、积极申请申报各级各类专项项目，用于支持创新创业教育教学、创新创业教育研究、创新实践基地建设以及资助学生开展创新创业实践活动。专门的资金保证了创新创业教育教学的顺利进行。

总之，创新创业教育已经成为培养具有综合素质创新型人才的重要途径，高校应该结合学校实际及学科特点，构建系统的、科学的创新创业教育实践体系，为全面培育具备创新创业素质的学生助力。

第四节　创新创业教育实践体系路径构建的典型案例

一、大连理工大学创新创业教育的实践

（一）大连理工大学创新创业教育

大连理工大学是全国较早倡导创新创业教育的高校之一，其发展可以追溯至 1984 年教师自发组织学生成立创造性研究小组，经过多年的努力，现已发展成专门进行创新创业教育的创新实验学院。该院以培养学生创新精神和实践能力为核心，培育了一批具有较强创新精神和实践能力的高素质人才，同时取得了一批具有较高水平和实用价值的创新教育成果，赢得了社会各界的普遍关注和广泛赞誉。

大连理工大学创新实验学院是学校开展创新创业教育的主要载体，下设创新实践中心和创业教育中心，将不同专业的学生和优秀的师资汇聚于创新创业教育基地，将创新教育、创业教育和专业教育融入课程和实践，打造大连理工大学依托创新教育，开展创业教育的特色模式。以校级创新创业教育基地为核心，以院系创新创业实训实践基地和校外大学生创业基地构成的软硬件平台，构成学校以培养学生创新创业实践能力为重点，以“双渠道三结合多模式”为核心的创新创业教育体系。

经过多年努力，目前已建有大连市软件人才（大连理工大学）实训基地、大连理工大学—IBM 实训基地等，还与大连市沙河口区大学生创业就业中心建立良好的合作关系，为校内孵化中的项目提供资金及政策扶持等。毕业生已成功创办了大连海维多媒体有限公司、大连海天网络、大连正源科技有限公司等。在教学和科研方面的成果显著，其中创新教育基础与实践课程被评为国家级精品课程合辽宁省极精品课程，《大学生创新实践中心的建设》和《创新人才培养工程的研究与实践》两个项目先后获得国家级教学成果一等奖。

（二）大连理工大学创新创业教育的发展

1. 创新教育主导时期

此时期是从1984年到2002年。大连理工大学创新教育开始的标志是1984年部分教师自发组织学生成立了创造性研究小组。1985年成立了大学生创造发明协会。1987年更名为大学生科技协会。1990年更名为大学生科技开发服务中心，这时已经有意识地将科技成果转化为现实生产力。学生研制成功“多功能扩音系统”等多项新产品，并向社会推广，解决学校教学急需解决的问题，同时推广到校外取得了一定的经济效益。1997年，成立大连理工大学创新教育实践中心及大连理工大学希望新产品开发研究所，从此时起创新创业教育有了固定的组织机构。

2. 创新教育与创业教育相结合的时期

学校认识到创新教育和创业教育作为高校开展创新创业教育的两个关键要素，是相辅相成的。首先，创新教育中提升的创新意识和创新精神，训练的创新性思维，学会的创新方法及技巧，不仅有助于学生在专业课程和创业教育课程学习中打破思维定式，还与提升了学生的开拓精神和创业能力，为自谋职业或自主创业的毕业生提供独特的视角，帮助他们洞察市场，抓住市场先机，有效创业。其次，创业教育培养的创业意识、掌握的创业知识使学生可以对创新成果现实价值进行评价，并对有价值的成果进行转化。

学校于2003年成立大连理工大学大学生创新学院，将此作为创新教育和创业教育相结合的管理和实施机构，不仅配备专职教师，还安排场地、购置必要的器材。开设创造学基础等课程，大力建设创新创业教育基地，校内建成面积1 600平方米的校级基地，依托学院实验中心建立了12个院系级基地。2007年更名为大连理工大学创新实验学院。现在，学院除有在高考中录取的创新实验班外，还设有创新实践班和创业教育实践班。实践班面向全校学有余力、有兴趣的优秀学生开展课程教学、课外实践和项目研究等多种形式的教育。创新实践班采用横向培养模式，下设十几个专业方向。创业教育实践班采用纵向培养模式，从创业意识培养到最后从校级孵化成为大连市“大学生激情创业沙河口”项目，得到政府一系列扶持政策。这种独特的经纬结合的人才培养模式，为创业教育、创新教育与专业教育相互影响和促进提供了良好基地平台，使未来的创业者接受了科技和创新的洗礼，也使未来科技人才接受了创业文化的熏陶，使他们懂得将科技成果进行转化的巨大价值和方式方法。为培养出“勇开拓、善创新、高素质、强能力、精专业、肯吃苦、高应变的创新创业人才”，形成了相互衔接的阶段培养体系。

（三）创新创业教育模式

社会发展对高等教育提出了新的要求，即大力发展创新创业教育。大连理工大学认识到创新创业教育的重要性，把培养创新创业人才放到了工作的重要位置，以组织管理、相关制度更新、基地建设、教师培训和引进以及教学改革作为基础和着力点，经过理论研究和对工作的实际情况的分析，形成了以下组织模式和管理机构。

1. 组织模式

大连理工大学创新创业教育组织模式为全校模式中的磁石模式，即以创新实验学院为主导，在全校范围内开展创新创业教育。大连理工大学创新创业教育面向本校全体学生，主要由创新实验学院负责管理和提供资源，为全校有兴趣的学生提供教学和实践支持，同时与院系的创业实践（实训）基地保持密切联系。在此组织模式下培养创新创业人才，并注重将创新意识和创业意识融入各个实践班的教学和实践中。另外，还采取正式或非正式的方式促进各实践班的学习和交流。基地中形成了在浓厚兴趣的指引下，学生学习知识、追求卓越、勤于动手、善于实践、积极创新、勇于开拓的良好氛围。

2. 管理机构

创新创业教育基地设在大连理工大学创新实验学院，基地下设创新实验中心和创业教育中心。创业教育中心是在创新实验中心（省级实验示范中心）、学校就业指导中心、校团委和教务处的帮助下建立起来的，用于开展对全校范围内的创业教育的管理活动，并注意与创新实践中心的积极合作，如资源的共享、创新成果的转化等。

在创业教育中心建立前，创新实验中心包含数学建模创新实验室、机电创新实验室、软件工程创新实验室、多媒体创新实验室、ACM 创新实验室、嵌入式创新实验室、机器人创新实验室、智能车创新实验室、创造发明实验室、创业教育实验室、机械创新实验室、PCB 工艺实验室、电气创新实验室、化工创新实验室、物理创新实验室和文化与传媒创新实验室等 16 个创新实验室，以及若干个科技竞赛和校外创业基地。

创业教育中心成立时，将创新实践中心内与创业有关的资源纳入其中，同时在学校大力支持下建立了相对完善的内部组织。其主要有以下四个职能。

（1）创业研究，包含创业教育教学和创业理论研究。其中的创业教育研究包括创业教育基本理论、创业教育发展战略、高校创业制度与机制、高校创业教育组织模式、高校创业教育人才培养模式与途径、创业教育课程建设及教学改革、创业教育师资队伍建设、创业教育教材研究、创业教育实践平台研究等。

（2）创业教学和实践指导，包含对实践团队的指导和对创业教育实验室内实践活动的指导。创业教育实验室内的实践活动主要有商业模拟游戏（企业基本循环周期训练、企业市场供需预测）、模拟公司运营系统、创业沙龙、创业人物访谈、创业企业参观等。

（3）创业教育中心管理，包括学生管理、教师管理、教务管理和对创业教育实践班的管理。为此，还需与学校进行积极沟通，以获得学校的重视和支持，更好地进行管理，制定各项规章制度。

（4）创业辅助和保障功能，其有四个子分支：对外联系、孵化器、创业咨询室、资源库。对外交流以促进创业教育的内外部资源利用、共享与开发，尤其重视与学校就业指导中心、大连市沙河口区大学生创业就业中心、校友会和科技园区的联系和交流。孵化器用于在校大学生开办的公司进行校园内孵化，除提供免费的办公场所，根据公司类型提供定量电脑和电话等硬件条件外，还可提供技术、政策和人力、财力的支持。创业咨询室可提供政策、技术、管理、财务和法律咨询。

3. **人才培养模式**

下面为创业教育实践班的各培养阶段。

第一阶段是在学生第一个学年内开展创新方法类和创业基础类课程的学习，并配合课内外实践活动。在此阶段主要解决大学生对大学的适应性问题，同时培养大学生的自我意识、创新意识、创业意识、人际交往能力、团队协作能力等。

第二阶段是针对第一阶段表现优异并愿意继续学习的学生展开，主要分流到四个方向：一是进入校 SIFE 团队，由 SIFE 东北地区指派专人来校为队员进行短期培训，然后在教师指导下，队员主导策划并实施商业社会实践项目；二是作为学校创业俱乐部和创业协会的骨干力量开展系列的商业模拟及商业实践活动：三是组建项目小组进行探索式学习，由创业导师和朋辈导师（peer mentor）监督指导，对实践予以点评；四是对创造能力强、素质高的学生提供深入学习理论和实践的机会。本阶段的结业考核为撰写报告或创业计划书。第二阶段通过倡导“做中学”（learn-by-doing），培养大学生自我管理能力、自我监督能力、自我反思能力、自我发展及管理能力、团队建设能力、发现问题和解决问题的能力等。

第三阶段是对通过第二阶段学习的学生，开展以实践为主导的自主学习。在此阶段中学生将进入学生科技创业实习基地、创业型企业等机构进行创业实习、实训或挂职锻炼。同时，选拔一定数量的表现优异的学生作为朋辈导师，协助教师指导低年级学生。在此阶段通过以实践为基础的学习和指导他人的实践，培养为达到预期结果选择执行方案并对执行过程进行监控和调整所需要的相关能力。

第四阶段为拓展阶段，是面向经过培训并已取得一定成绩，以及有意实施创业项目的大学生。学生递交创业计划书，参加由专家团队主持的评审和答辩会。经评估后，对于有发展潜力的创业项目，学校和大连市联合提供孵化机会。此阶段重点利用真实情景，培养学生应变能力、团队能力、机会识别能力和撰写创业计划书及后续实施所涉及的综合能力。

在整个过程中，着眼于提高学生多视角下运用创新性思维，在现实（或模拟）情景中积极沟通，获取更多信息，培养发现问题、解决问题的能力，使学生们认识到学校不可能传授创业相关的所有知识，创新创业过程中更多是依靠自己和团队的努力。因此，自我管理和自我完善更为关键。

（四）以创新创业教育基地作为创新创业教育的实践载体

1. 创新创业教育基地的软件条件

（1）取得广泛支持。创新创业教育基地的发展得到了各级领导的高度重视和大力支持。校领导、政府部门和教师全力投入，对创业教育融入创新实践基地起到了重要的作用。这与创新创业教育得到上级政策的指引和经费的支持是分不开的。

（2）优化创业师资队伍。除任课教师需取得一定教师资格认证外，学校还聘请有企业管理经验和创业经验的本校教师、就业指导教师、创业导师，邀请成功创业的热心校友担任创业大讲堂的主讲嘉宾，诚聘在创业方面取得一定成绩的校友担任荣誉顾问，鼓励教师定期开展教研和学术讨论。

（3）课程及教材建设。为达到良好的教育效果必须使创新创业教育课程层次化、体系化，遵循教育规律和学生的特点进行编写。同时，精心选择与之匹配的教材，并鼓励教师积极进行教材的修订和编写及对翻译教材的本土化，协助辽宁省教育厅编著了全省创新创业教育通用教材《大学生创新与创业基础》。

（4）电子数据库的建立。电子档案为所有参加校内创业类培训的大学生的信息，由以下几个部分组成：创业相关心理品质，如情绪、意志、性格、气质、能力等，创业学习前期、中期、后期表现，较为永久的联系方式。电子档案即创业项目、创业案例电子信息库，本校学生和教师专利库。

2. 创新创业教育基地的硬件条件

创新创业教育基地建有数学建模创新实验室、机电创新实验室、软件工程创新实验室、多媒体创新实验室、ACM创新实验室、机器人创新实验室、创造发明实验室、创新创业教育研究室、创业教育实验室、校级大学生创业孵化器以及校外创业基地外，还购买了相应的教学辅助资料，如模拟游戏用具、职业性格测试系统、模拟公司运营系统、创业之星等商业模拟类软件、创业相关的书刊和大学生自主创业政策性文件等。

（五）以创新创业教学作为创新创业教育的实践重点

1. 创新创业教学组织形式

大连理工大学的教学组织形式采用了特朗普制，即大班、小班和个人三种教学形式结合起来。全校开展大班授课，即毕业前必须接受八节以上创新创业公共课学习。同时，通过选拔的方式组建创业教育实践班，在创业实践班内进行小班教学。在小班内设有若干小组，小组中通过组内分工，通过模拟游戏、任务情境等形式进行个人实践学习，还通过布置作业加强个人理论学习。对于有创业意向或在学习中遇到问题的同学，教师或创业导师还可进行一对一辅导学习。

创业教育实践班注重学生的主体性地位，课程包括创业必修课、创业选修课、创业实践课和创业研讨课。其在教学班级构成上具有一定的特色：首先，要求有意向的学生投递个人简历；其次，通过笔试进行考核选拔；再次，按一定比例确定面试名单，进行单独面试；最后，经过面试官们的讨论，确定最终录取名单，在网上进行公示。

2. 创新创业教学内容及教学方法

（1）创新创业教学内容。大连理工大学的创业课程体系分为创业必修课、创业选修课和创业实践课。创业必修课程为创新教育基础与实践，通过进行创新思维训练使学生懂得创造的一般规律，能够熟悉专利申报的基本要求和知识产权保护的基本知识。这有利于激发学生创新意识、培养创新能力。此外，还有大学生KAB创业基础、创业设计与实践等课程，这些课程从什么是创业，企业家的创业精神和必备品质讲起，逐步帮助学生了解企业、认识市场，知晓融资、公司选址等实际问题，逐步提升大学生的创业意识和此方面的理论素养。创业必修课、创业选修课程和创业实践课得到了学校的认可，课程学分纳入学生的个性选修课学分。

创业选修课程为商业计划书撰写、创业案例分析、创业管理、现代职业生涯设计、企业管理等多门课程，学生根据自身需要进行选修。这些课程对进一步开阔学生的视野，完善学生的创业知识体系有很大的帮助。这些课程大部分由管理和经济学部开设，在为学生提供更专业的课程的同时，提供了与经济管理类学生和资深教授学习和沟通的机会。

创业实践课程穿插在创业理论学习中，不明确规定该做什么和怎么做，而是在明确的大方向下，给学生适当的自主性，让学生自行组建团队，进行自主探索。这有利于知识的编码和内化，同时让学生在实践中丰富阅历、获得经验。

大连理工大学具有较好的区位优势，学校周边有高科技产业园区——大连软件园、大连理工大学－七贤岭国家大学科技园。在这里有创业孵化期、创业初期到成长中的企业和世界500强的企业。不同类型、不同发展阶段的企业为实践活动提供了便利的条件。例如，题目为“小组走访初创企业，了解与该企业的相关问题并撰写小组实践报告”，在此过程中组内商议走访计划，与企业积极沟通，采用策略在短时间内获得更多的信息，最后撰写研究报告。在解决一系列问题的过程中，既提高了学生对创业企业的认识，又增强了学生的实践操作能力。为了确保学生的认识深化，在一个活动结束后，组内自评、组间交流、教师或助教的点评是非常重要。

（2）创新创业教学方法。创新创业活动有较强的实践性，这也就决定了创新创业教学不同于一般以传授知识为主的教学活动，所以创新创业教学方法应注重学生体验和实践。当然，讲授法仍是最基本的，这有利于学生形成完整的知识体系。而其他教学方法应视情况而选择，如案例法，在描绘情境中引发学生积极思考；研讨式教学法，利用互动的方式引发思考；头脑风暴法，利用形成较多答案促成创意的形成。

3. 突出对创新创业教学内容的实际应用环节

（1）将实践融入课堂教学中。创业实践课程，改变传统的教师课堂讲授的单一模式，要结合教学内容积极选用多种教学方式，如头脑风暴、小组讨论、情境构建等，这些方式不仅充分调动了学生的积极性，还培养了学生的团队意识、解决问题的能力及领导才能。特别是情景构建的方式，有较强的实践价值。在运用情景构建教学方法时，教师截取创业中某段真实的情景描述给学生听，请学生表述各自的处理办法，在评析学生的方案后给出最优方案。在此过程中，学生能互相启发，同时知道各种方案的优劣，以及最优方案的构思技巧。

（2）在模拟实践中。在创业教育中采用体验式教学、模拟实训和实践，不仅有利于创业知识的内化、创业技能和能力的提升，还增强了学生的体验和感悟，并使学生将此构建到已有的价值体系和知识体系内。

模拟游戏。应用一些课程配备的模拟游戏道具开展模拟游戏。以小组为单位进行模拟游戏，不同的游戏情景，小组要达成的目标不同。这就需要小组明确分工，即每人扮演不同的角色，组内成员积极有效的配合，以进行组间竞争。这种模式以游戏的形式展开，在创业教育的初期开展效果尤佳，可以激发学生的学习兴趣，利于形成自由、勤于交流、相互协作的学习氛围，将所学理论应用到实践中。教师使用情境卡片给学生制造问题，有意识地培养学生的风险意识和应对突发事件的能力。模拟后适的总结，由小组讨论后自评，再由教师点评，将实践上升到理论高度，加深学生对创业的理解。

模拟平台。大连理工大学利用全球模拟公司联合体中国中心创业实训网提供的模拟操作平台。在网络模拟平台中，以小组为单位在网上创办模拟公司。从公司工商局注册、税务登记、缴纳税款，到发布产品、营销、经营状况分析、适时调整公司发展策略等，整个流程相对较为真实。在此模拟操作中，将企业长时间的复杂发展历程以较短的时间呈现在网络上，提高学生对问题的宏观把握能力。另外，定期的组内和组间交流，使学生认识到组织内外主动沟通和交流的重要意义。市场及营销等在模拟平台中也有所体现，让学生懂得在自由市场中寻找商机和把握商机的意义和简单操作策略。

此外，还开展了创业沙龙、创业人物访谈、商业计划书大赛，与学校就业指导中心联合开展创业名师大讲堂等全校性活动，还组织了创业俱乐部、创业协会等学生社团，强化学生自我管理，减少了正式群体的拘谨和刻板性。在此过程中，增加了集体凝聚力，激发了创业热情。团队自主实践及实习等多种方式，以创新的方式开展小型商业活动，从中收获实践经验。鼓励学生参与挂职锻炼，利用其专业优势，在企业内学习，提高他们的创业综合实力。

（六）以项目作为创新创业教育的实践拓展

1. 校级创业孵化器内培育的项目

大连理工大学除了开展与创新创业教育密切相关的教学和实践活动，还开展了与创新创业教育相关的活动，如校园文化节（纪念品展示和销售）、知识产权宣传月、模拟面试大赛、创新思维大赛、“知名企业行”及在寒暑假组成团队进行社会实践等。

学校也注意将学生形成的良好项目进行孵化培育。在坚持理论与实践相结合，重在实践的原则下，对有创业想法的同学，予以大力支持。除了办公场地、设备等硬件条件，还为学生开设了专门的策略型课程，为学生发放创业孵化实用指南等。

另外，联合校科技园，为学生提供参观学习和实训学习机会，设有专门的创业咨询室为学生提供一对一的辅导，同时设有创业基金为学生的创业孵化提供一定的经济保障。

目前，学校也已形成产学研一体化的创新创业教育模式。这种合作教育模式注重学以致用，增强学生的动手能力。例如，学校要为新教学楼配备高质量的音响，但费用较高。为解决此问题，学生申报课题，团队潜心研究，自主研发了音效好、费用低的音响，解决了学校的实际问题。

2. 基地与政府合作的学生创业项目

最新最好的创新创业项目是来自于社会的。形成良好的创新创业氛围在于使人们形成对创业的正确认识和良好印象，并鼓励社会大众参与。

学校参与了沙河口区大学生“创业苗圃”计划。创业苗圃经过大连理工大学创业孵化器孵化，项目或产品已有雏形，经学校审查并推荐，经沙河口区大学生创业就业中心复审后，确定为重点项目提供 2 000 ～ 5 000 元的资金扶持，学校创业导师和校外企业家顾问共同指导。创业苗圃内孵化期满，创业大学生毕业后，经专家评审可参与“大学生激情创业沙河口”项目，并得到相应的扶持政策，如资金扶持、免费办公场所和创业导师全程指导等。“创业苗圃”计划重点扶持低碳环保、能源科技、生物医药、文化创意、信息服务、动漫游戏、休闲旅游、文化发展、IT、电子商务等行业，鼓励高校内现有专利技术转化或科研项目转化。

3. 学生自主开展的创业与公益性项目

除了开展高校内普遍认可的“挑战杯”课外科技竞赛和创业计划大赛，还可依托面向大学创业的学生组织开展项目，如 Enactus（原 SIFE，Students In Free Enterprise）。该组织成立之初用以支持学院的创业教育和自主的企业活动 2002 年进入中国，截至 2016 年 8 月，在中国已有包括北大、清华等知名院校在内的 282 所合作高校。

Enactus 中国的总部设在上海，下设六大区域：华东地区、华南及香港地区、东北地区、中西部地区、北京地区以及天津地区。在中国，其引导大学生开展面向社区的具有公益性的商业社会实践活动。组织学生在赛扶的培训和指导下，自主策划并实施公益性的商业社会实践项目。通过教育和帮助社区中的民众，提高人们的经济收入，改善人们的生活质量，从而使社会变得更加和谐。赛扶通过学生主导项目提高学生领导能力、团队精神以及沟通能力等未来企业家素质，同时履行为社区创造更多经济机会的使命。其中，中国《赛扶团队手册》对项目内容的要求如下（必须涉及以下内容之一）：第一，理解市场经济体制如何运作；第二，获得能够在竞争激烈的全球经济中成功的教育和技能训练；

第三，学会如何成为成功创业者或如何改善现有经营；第四，为实现经济独立发展，掌握必要的个人理财技能；第五，理解长期成功和繁荣的市场经济、商业和个人依赖于有道德的商业行为；第六，理解和认可环境保护和可持续性发展对商业决策的正面影响。

截至2010年，我国拥有赛扶团队的高校为158所。这些学校多数分布在省会、直辖市、副省级城市和沿海城市等。可以分析典型项目案例，选取可以广泛推广的教育方式，建议更多学校参与其中，培养学生企业家品质。

（七）对大连理工大学创新创业教育的总结

大连理工大学的创新创业教育的优势总结如下。一是优秀的教学团队。在团队带头人的带领下，重视教学质量和相关科研活动，取得了较好的成绩。二是突出管理和考核。创新实验学院统筹管理全校的创新创业教育。这种管理涵盖了创新创业教育基地、实验班和实践班、实验室、教学和科研等多方面，保证创新创业教育的有序和高效。在对教师和学生的评价和考核方式上以过程评价为主，兼顾结果的评价。三是不断开拓。在创新创业教育上不满足于现有的成绩，为了做更好的教育不断探索。从最初的兴趣小组发展到学院，从一名教师到国家级教学团队，从无组织到管理体系完备，这些都是对内的不断开拓进取。四是借鉴和创新。创新实践班的选拔方式，以及后期依靠项目学习中包含的跳水式学习法（swimming dive）；对在高考中招收的创新实验班学生采取大类培养，第二学年结业后让其自由选择专业，第三学年结业后对达到一定条件的学生给予保研资格等新方式方法均借鉴了国内外高校的教育经验，而后结合学校实际进行创新性改造。五是注重外联和宣传。创新实验学院和创新创业教育不同于传统的院系、学科门类和教育方式，所以积极的宣传，在外联中请进来并走出去是非常重要的。六是自由友好的环境。在创新创业教育中能取得较好效果的另一个重要原因，就是营造自由的学术氛围和形成良好的师生关系。除各实验室和研究室精心布置，提供良好学习的环境外，还将教师的教研室、研究生学习科研的研究室、本科生学习和实践的实验室融入创新创业教育基地内，为师生间、不同年级间和不同专业间的交流提供了良好的环境，形成了人人争优的优良而自由的学风。

在实践中，同时发现了大连理工大学创新创业教育的不足之处。一是创新创业师资。专职教师都经过创新创业教育培训，兼职教师也都是管经学部内教学经验丰富的教师，但尚未有经过系统和深入学习的创新创业类专业的教师，并且有创业经验的教师较少。学校也在大力引进此方面的人才，但国内创新创业教育的师资数量相对匮乏，水平不平。二是无整合的创新创业教育系列课程。虽然学校的创新创业教育已经从竞赛、学生社团和实践活动升级为有固定的场所、不断优化的管理和教学组织，但是仍属于创新创业教育的初级阶段，尚无整合的创新创业教育系列课程，关于创新创业教育只有引导性课程和学生自主开展的项目。三是学生固有率低。学校的创新创业教育是自发性的突出学生兴趣的教学和实践活动。由于创新实验学院不同于一般院系拥有自由的氛围和宽松的组织形式，主要依靠学生的自主和自控，退出实践班学习不会对学生产生消极影响，组织束缚弱。同时，随着教育的深入，投入的精力和需要付出的努力会不断增大，学生由于畏难情绪、不能兼顾原专业学习以及并没有取得较大成绩而选择中途放弃。四是动机问题。有的学生选择进入实践班接受创新创业教育是因为创新实验学院在学校内有较高影响力，有的是因为看身边同学加入、接受学长的建议或为了结业证书，有盲目性、从众性和功利性。如何积极引导，提高学生的专注度和热情仍是有待解决的问题。五是选拔不善的问题。学校除了为全部学生提供创新创业类选修课、创业名师大讲堂、知名企业行、八学时创业类必修课等课程和活动，每年从 4 000 多名本科生中选拔 1 000 人接受三年深入的学习。现在采用的学生自主报名、笔试和面试相结合的选拔方式有一定科学性和实用性，但如何在短时间内选拔最有潜力和可塑性的学生，仍有待研究。

二、兰州理工大学创新创业教育实践

创新创业教育是大学培养创新型人才的一种教育理念转变，是普通教育和职业教育之外的“第三张教育通行证”。创新是一个民族进步的灵魂，是培养和造就科技人才的重要途径，而创新的关键其实是创新人才的教育。现代大学是创新创业人才教育的重要基地，除了人格的塑造、基础知识和专业知识的学习，更应该注重培养学生的创新意识和创新创业能力，着重培养学生的动手能力、组织能力、心理承受能力与团队合作精神，在逐步完善创新创业教育理论，促进创新创业教育与专业教学有效融合的基础上，重点研究如何建立一套系统化、可操作强的创新创业教育实践教学体系。

兰州理工大学创新创业教育在创新人才培养方面，紧随国家和教育部对创新人才培养目标的政策导向，借助政府和教育部门的外力推动，借助科技创新孵化基地，不断开发内部资源，设置创新创业专职机构，制定相应政策和实施方案，构建创新教育平台，全体动员，积极宣传，组织学生积极参与各种级别的科技创新竞赛，并以大学生科技竞赛为依托，建立创新创业人才教育的实践体系。

（一）营造创新创业教育的氛围

学生是创新创业活动的参与者、探索者、合作者，是参与创新创业教育活动的主体，教师是学生学习过程中的组织者、指导者、帮助者、评价者。为了培养学生的创新意识和探索精神，必须要为学生营造一个创新学习的氛围和环境，培养学生的创新创业理念，训练学生的创新创业思维。创新创业思维的训练是一个潜移默化、循序渐进的长效过程，而不是贴标语、喊口号或一阵风的短期行为。

1. 入学教育作为创新创业教育的起点

创新创业教育是一个长效的过程，需要创新创业教育的主体——学生的参与，所以必须吸引大批热衷于创新创业的学子。新入校的大学生是创新创业教育人才培养的新鲜血液，应及时加以引导和教育，吸引大批学生加入有创新创业实践基础的社团中来。在入学教育中，有序地组织学生参观特色创新创业基地、创新创业协会以及历届学长们的创新创业成果展，组织各社团做宣讲，邀请科创精英举办经验交流会和专题讲座；参观创新创业实验室，激发新生的好奇心和兴趣，吸引新生积极加入科技创新创业团体，把入学教育作为创新创业教育的起点，使学生一入大学就能把自己置身于创新创业人才培养的氛围里，通过耳濡目染，培养创新创业思维和创新创业能力。

2. 贯穿全周期创新创业教育氛围

根据高校创新创业人才培养目标，制定各年级各专业创新创业教育教学大纲，围绕创新创业人才培养机制，开设有助于培养学生创新创业意识和创新创业理念的创新创业课程；开设有助于学生创新创业创业实践的创新创业创业实验；举办科技周、校内科技竞赛等系列科技创新创业活动；引导学生了解各类科创项目和科创成果；鼓励学生积极参与教师的科研项目或进行科研创新创业训练；每学期邀请科创名师、知名校友和企业家进校为大学生进行创新创业创业专题讲座；加强宣传和推广，使学生在整个学习周期始终处在浓厚的创新创业创业教育氛围中，使学生坚定创新创业实践的理念。

（二）构建创新创业教育平台

任何创新的认识都离不开实践的推动。为了让学生的创新思维活跃起来，兰州理工大学创新教育基地构建了金字塔型的创新创业教育平台。由创新创业学院牵头，依托具有特色的科技创新基地以及学生创新协会构建创新平台，开设创新课程和实验，定期举办创新创业讲座、专题交流会，开展各种创新创业实践活动，同时参与国内外大学生科技创新竞赛，使学生能够充分利用科技创新基地的资源进行科技创新实践训练。

另外，在此平台上构建了创新创业教育人才培养体系。该平台为学生设置了从理念到创新创业的循序渐进的培养过程，并为学生设立从基础到高级的训练平台，从实践层面设置了从创新意识到创新创业的训练环节，综合了科研课题、创新实验、创新课程等内容。该体系在近几年的人才培养方面起到了非常显著的成效，随着国家创新创业的发展导向，该培养体系也将与时俱进，不断完善，力争成为科技创新训练最理想的平台。

（三）基于科创竞赛培养大学生创新和实践的能力

大学生科技创新赛事是创新性、实践性、综合性很强的创新活动，是一项非常适合科学普及、培养大学生创新能力的重要活动，可使学生在创新思维意识、工程实践能力、团队协作水平等方面得到极大提高，培养出一批爱创新、会动手、能协作、肯拼搏的科技精英人才。

目前，各类大学生科技创新竞赛如雨后春笋般蓬勃发展，其中影响力较大且该校经常参与的赛事有全国大学生机械创新设计大赛、各类机器人竞赛、“互联网 +”大学生创新创业大赛、“挑战杯”全国大学生系列科技学术竞赛、全国三维数字化创新设计大赛等。这些赛事都是以大学生创新创业实践训练为前提的赛事。比如，全国三维数字化创新设计大赛是在国家大力推进创新驱动、实现从“制造大国”到“创造大国”转变、大力发展“互联网 +”和数字经济新时代开展的一项大型公益赛事，体现了科技进步和产业升级的要求，是大众创业、万众创新的具体实践。“挑战杯”系列竞赛被誉为中国大学生学生科技创新创业的“奥林匹克”盛会，是目前国内大学生最关注、最热门的全国性竞赛，也是全国最具代表性、权威性、示范性、导向性的大学生竞赛。“互联网 +”大学生创新创业大赛的主旨是深化高等教育综合改革，激发大学生的创造力，培养“大众创业、万众创新”的生力军，推动赛事成果转化，促进“互联网 +”新业态形成、服务经济提质增效升级，以创新引领创业、创业带动就业，推动高校毕业生更高质量创业就业。因此，学校各个科技创新基地以大学生科技竞赛为依托，以“立足校园、服务同学、求真务实、科技创新”为宗旨，为学生提供课内外科技创新活动平台，开展创新创业项目的研究与实践、科创竞赛培训讲座和校内外科技创新竞赛等活动。另外，基地还面向全体学生开放，开展广谱式的创新教育，着力提高全体学生的创新精神。比如，兰州理工大学机器人科技创新基地近年来构建了以机器人竞赛为载体的科创竞赛体系。为了强化学生科技创新能力，完善知识结构和夯实专业能力，建立“双师型”的人才培养模式，形成由教师 + 研究生或教师 + 企业导师组成的“双师型”教学模式，教师由在校专任教师（授课教师、实验教师）来担任，企业导师由有丰富工程背景和实践经验的企业工程师来担任；以教师的科研项目为依托，开展“课题型”的科研创新训练，从而营造竞争与合作并重的科研教学环境，形成培养创新意识、工程能力和实践创新能力的创新创业教育。

在机器人科创竞赛体系中，基地指导教师必须先对每年参与的赛事做功课，研究赛事的可行性，分析参赛主题、关键技术和现有的能力等方面的问题；形成计划后，申请上报主管单位批准；主管单位批准后，先研究比赛规则和比赛时间，讨论实施方案与进度，然后开展宣传讲座、组织报名、校内选拔、组建队伍，再进行理论和实践培训，最后具体实施包括方案结构设计、实践制作、组装调试和赛前训练等环节。通过这一系列步骤，学生从不会到设计制作完成竞赛机器人，提升了学生分析问题和解决问题的能力。

兰州理工大学为培养学生的创新思维和创新能力，构建以大学生科技竞赛为依托的创新创业教育实践体系；通过营造创新学习的氛围和环境，构建了金字塔型的创新创业训练平台；依托科创基地开展大学生科技创新竞赛活动；通过本科生科技立项、学科竞赛、教师科研，建立竞赛创新平台，培养学生合作精神、挑战意识、研究性学习和创新能力。学生通过竞赛活动，运用自己在学习和生活实践中培养的创新思维，将实践和所学知识相结合，提升了自己各方面的能力。

三、对我国高校创新创业教育的思考与建议

对我国高校创新创业教育的建议，仍选取学校的视角进行研究。对于创新创业教育的开展，首先需要学校高层认识到创新创业教育的重要意义。沿着开展创新创业教育为什么—终极目标是什么—各阶段性目标—为达成目标要怎样做—怎样保证实施—对实施结果怎样评价—反馈信息这样的序列，进行系统的研究并制定方案。但这种常规的思路与借鉴国内外优秀的模式相比，需要付出较大努力且收效较慢，所以很少有高校按此方式探索创新创业教育。

创新创业教育正处于发展初期，很多学校都进行了积极的探索，已经形成了许多具有特色的创新创业教育模式，但现行的创新创业教育仍有较大的提升和完善空间。在此，本书将结合大连理工大学创新创业教育实践和阅读文献后的一些思考，对创新创业教育的实施给予一些建议。

（一）转变教育理念，重视创新创业教育

高校应该跟随时代的发展。除认识到创新创业教育对缓解就业压力、提高学生开拓精神和实践能力、国家的社会经济建设起到重要的作用外，高校也应认清其对学校的发展具有重要的作用，对培养具有学校特色的人才、拓宽毕业生的未来前景等具有重要意义。可以说，创新创业教育对于高校和学生是新的挑战和多元化发展的必然要求。将有创新能力并能取得创新成果的群体与开拓精神和创业技能整合，不仅能减少人才和新成果的遗失或埋没，还能达到高等教育培养多层次、多类别人才的要求。

因此，当前我国高校的教育理念应当及时转变。我国高效应积极开展创新创业教育，并贯穿人才培养全过程。帮助大学生树立创新精神和创业意识，这不仅是育成创业行为，更是将这种敢于创新、勇于开拓的精神注入社会的方方面面。高校除了在内部努力开展创新创业教育，我国北方的院校还可借助政府和教育部门的外力推动，我国南方的院校可依靠社会良好的创业氛围和商界的支持，将外力内化为实践的动力，通过方方面面的努力，促成创新创业人才的培养。

（二）夯实创新创业教育基地建设

1. 创新创业教育基地定位

许多研究者曾提出过搭建创新创业平台并走产学研相结合的实现路径，高校创新创业教育基地就是对此想法的一个实现载体。其不但将与学生创新和创业相关的资源整合到一起，而且注重专业知识的实践应用，为学生提供完善的创新创业教育平台。其融教学、科研、实训、服务和孵化于一体。

创新创业教育基地是一个庞大而系统的工程，并不是一朝一夕就能建成的。创新创业教育要想真正实施好，有两条路可走。一条是自上而下之路，即先建立本校创新创业教育上层实体机构，同时建立创新创业教育基地，然后再细化机构各重要组成部分，并注重将学校内已有的创新创业教育资源纳入其中。这种方式使创新创业教育规模化，但存在一定的风险。另一条是自下而上之路，即从大多数高校已有的第二课堂、创业计划大赛和学生社团起步，继而推出几门创新创业类课程，形成一定的管理机构，最后设立创新创业教育软硬件平台。这种方式循序渐进，但发展速度相对较慢，各阶段过渡时都会遇到一定阻力。

此外，不同学校的创新创业教育基地的重点是不同的。作为创新创业活动的主体，研究型大学的创新创业教育基地的侧重点是评估创新成果的经济价值以及其是否适于转化，而主体步骤就是转化的过程。因此，在研究型大学，创

新创业教育基地需要提供四个职能：①对于能产生科研成果的学生，培养其创业意识和商机的识别能力；②对于渴望创业但暂时不能取得科研成果的学生，培养其创新能力，使其认识到科技创业的优势，为其提供创业的实习和实训机会；③为第一种和第二种学生搭建持久的平台；④开展全校普及性的短期创新创业教育，注重学生个性的培养，提供自由而宽松的氛围。而教学型大学的创新创业教育基地，在初期可侧重于创新创业实习和实训，使学生以体验的方式感知创新创业。也就是说，可以将创新创业教育基地视为开展创新创业教育的一个场所、一个阵地。处于创新教育和创业教育发展不同阶段的学校，其有着不同的功能和属性。但为学生提供全校普及性的教学和孵化是其最基本的功能。

2. 在建设中应注意的问题

创新创业教育基地在建设中有一些需要注意的问题。首先是资金问题。我国创新创业教育基地的建设资金多出自学校或政府部门的拨款，很容易出现钱多办大事、钱少办小事的局面。怎样解决这样的现实问题是值得我们思考的。美国这样的创新创业教育大国也存在这样的问题，其解决方式是设立捐赠席位，也可理解为“冠名赞助”。在建设中，我们可借鉴此种办法解决问题。

其次是创新创业实验室和研究室的建设问题。实验室和研究室除了保证宽敞明亮、座位间距合理、空气清新、消防设施齐备等条件，相关仪器和设备也应配备齐全。最重要的是通过多种方式，形成基地内良好的学术氛围、积极的竞争意识和互帮互助的友爱精神。可采用正式或非正式的方式解决此问题，如举办文体活动、学术交流、搭建内部论坛等方式实现此目标。

最后是孵化器的建设问题。大学生创业孵化器作为扶植初创项目具有重要意义。尤其是学生创业热情较高，再加上学校已建有科技园或周边有科技园区，对建立孵化器有较大的帮助。但一些学校已经建立了孵化器，但由于宣传力度不够、保障机制不够完善，使孵化器流于形式，没有起到积极的作用。

（三）完善创新创业教育的课程和师资建设

1. 创新创业教育课程建设

建设创新创业教育课程时，除了要结合学生特点和教师水平设置课程、课程的数量与质量以及课程间的整合度，还要注意以下几个问题。

（1）创新创业教育课程建设时要注重创新创业活动的特点。创新创业活动具有特殊性，创业者需要识别商机撰写商业计划，需要吸引投资家提供风险投资，需要销售策略和营销手段等内容，如何将这些重要的内容整合到课程中尤为重要。因此，在建设创新创业教育课程时，一定要了解创业活动的特点和设计的主要内容，并将这些内容有机整合。例如，在初级课程中涵盖一些创新创业概述类课程，帮助学生整体把我创新创业，开设一些语言和文字表述、人际交往类基础课程，为创新创业实施打下基础。此外，还可开展活动课程和实训指导类课程，即要紧紧抓住创新创业活动的特点，并以此为核心指导创新创业教育的课程建设。

（2）创新创业教育课程建设时要注重创业者的主要特质。作为创新创业活动的实施者，创业者除必须具备创造、革新能力和经营管理能力外，还应具有很多特质。在创新创业课程设置中，一定要将这些特质的培养有意识地融入课程建设中，如在初级课程中注重对学生创新精神、创业意识的培养，注重对学生创新创业能力的培养，并将对创业者个性、自主性和道德品质的培养贯穿始终。

（3）创新创业教育课程建设要环环相扣，突出创业的时间序列。创新创业活动是环环相扣的，有其特定的时间序列，如遵循酝酿、构思、组建企业、抓准市场生产产品、获得效益这一时间序列。在创新创业课程建设中，课程体系的大体框架也应该依照此序列展开。例如，开设有关商机的把握、企业创建前的准备和创业团队的组建的课程，并将它们作为创新创业教育课程的前期准备。值得注意的是，创新创业课程中要增加实践、模拟和体验类课程，但不可完全注重创业技能的培训而忽略完整知识体系的构建。

2. 创新创业教育师资建设

创新创业教育师资建设要注意理论型教师和实践型教师的比例、师资的年龄梯度、学历水平层次等问题。除此之外，也应注意以下几个问题。

（1）提高高校内现有的创新创业教育师资。首先，鼓励创新创业教育骨干教师进行创业实践。通过实践活动加深教师对创业的认识，在课程讲授中能更加清晰地描绘创业的过程。教师应对创业突发问题的解决策略及最终应对结果同样可作为案例融入教学。这样可以使理论得到验证和升华，为指导学生的创业实践活动提供更有效的建议。

其次，提供创新创业教师相互借鉴和学习的机会，如专业研讨会、专家讲座和培训等。这种借鉴和学习要跨学校、跨地区或跨文化，只有这样才能丰富教师的思想和理念，激发教师的热情并促进自身提高。这种提高不仅能带到课堂上，还体现在学术或科研方面上。

最后，建立科学的创新创业教师评价体系。通过“以评促建”的方式完善师资建设，因此对评价指标的选取具有较高的要求。除了常规的学术论文及著作、培养学生的数量、学生的评价，教师指导的学生创业社团或学生创业项目的数量和质量、学生的创业率也是应当着重考虑的指标。

（2）培养高校未来的创新创业教育师资。总的来说，我国创新创业教育师资很少经过系统的专业学习和实践，也就是说科班出身并且有一定创新创业经验的师资缺乏。这就对提高创新创业拔尖人才培养质量设置了一个障碍，如何解决此问题就在于高校如何培养未来的师资。

对于培养未来的师资，本书有三个建议。一是在MBA中设立创新创业方向，但此种方式培养出的学生大多数不会流入高校。二是设立本科层次的创新创业专业，但培养计划、课程设置、教材等问题短期内难以解决，开展难度较大。这两种方式是国外在创新创业教育不断深入后，培养学生采用的方式。教师多为博士或有创业经验的资深人士。三是联合培养，推荐工作。有创新创业优势课程和实践项目的高校联盟，形成综合培养方案。这不仅有利于人才培养，还可借助人才流动使各高校互通有无。对于表现良好并愿意从事高校创新创业教育工作的学生给予公费留学深造资格，回国后推荐工作。

当然，不论采用怎样的方式，师资的培养过程总是需要时间的，但和从国外引进人才相比以上三点更切合实际。

（四）在创新创业教育中保证学生的主体性和自我发展性

教育家卡尔·威特曾指出，人总是喜欢自由的，一切束缚和压迫都会使他产生厌恶和反抗。“民可使由之不可使知之”是高级的管理法则。也就是说，应该给人民更多的自由空间，不要总是发号施令他们束手束脚。在创新创业教育中除了关注基地建设、课程和师资等内容，还应给予学生更多的自由，注重学生的主体性和自我发展。同时，应注意到我国创新创业教育与国外不同，它没有被纳入整个教育体系内，即高校的创新创业教育是没有衔接和基础的。本书就此提出了以新生的教育作为创新创业教育前期铺垫的构想。

1. 以始业教育作为先导，确立学生的主体地位

（1）新生入学后的始业教育。在国外，高校新生适应性问题及初始化教育被广泛关注，形成了新生计划（Freshman Programs）、新生头年计划（The First-Year Experience）等关注新生的教育项目。其不是单一的、无体系的，通常针对新生入学第一年有重点且较为规范地开展综合而系统化的教育、服务、体验、帮助活动。此外，其有如下清晰的目标：一是发展学习能力和智力得到发展；二是成功拓展和保持人际关系；三是找到自己的定位并往此方向发展；四是决定自己将来的职业和生活方式；五是保持个人的身心健康；六是发展一种完整的哲学生活态度。围绕此目的，国外高校开展宿舍计划、新生研讨班、学习共同体、辅导课程等，有针对性地面对不同层次群体实施、重申以及互相启发、共同进步使新生适应大学，为后续教育打下良好的基础。可以看出，这些内容和教育方式不仅使新生很快地适应了大学生活，还能为创新创业教育打下一定的基础。

（2）将始业教育作为创新创业教育的先导。常规入学教育形式及内容单一刻板，以灌输式方式传递信息，缺乏解决实际问题的策略。由于没有向学生讲解系统的大学观念，学生获得的信息是零散的、简单堆砌不成体系的，也就很难构建自己的认知体系。始业教育不仅包含常规的入学教育，还有为中学转入大学而引起的一系列应激性问题而开设的课程、实践活动、小组学习及研讨班等，囊括多个板块，是易被学生内化的教育、帮助和体验活动。始业教育不但关注大学新生适应性问题，而且注重引导、激励和支持新生度过充实而又有意义的大一学年生活，为大学生涯打下良好的开端。始业教育更以有效的大学观教育、丰富和发展学生的“四观”（世界观、人生观、价值观、职业观）为目的，关注大学生的自我完善及未来发展情况。大学一年级学生作为高校的新生力量，具有较高的创造性、可塑性和积极性，对他们适时教育，顺势指引，使他们树立新目标，认识并矫正不良习惯，提高自己，率先垂范，以点带面，有利于整个学校形成了良性的积极向上的氛围。

（3）对高校开展新生始业教育的建议。在开展始业教育前要确定本校的始业教育目标。始业教育定位重在结合本校实际情况，细化对学生素质、能力、知识及身心素质的要求，继而确定采用何种内容方式和方法达到目标，以及为保证教育效果采用何种组织、控制、评估和评价机制。

为了有效开展始业教育，本书基于教育时间、参与人员和教育（帮助）三个因素建立三维坐标轴。此模型可将始业教育的实施过程细分并条理化，帮助始业教育的实施者以更直观的方式明确其所处位置、协作群体、努力目标等内容。其中，内容管理包括他人教育和自我教育，包含以下具体内容：始业教育课程及课外拓展活动、新生研讨、学习团体的实施项目、学生会活动、自律（自管）检查及管理、学生的自我教育活动等。此外，还应附注各内容的主要目标、知识、能力及技能定位。下面将着重对始业教育涉及的内容进行简要说明。

始业教育课程。始业教育课程作为始业教育知识传授的重要载体，由深入了解大学、认识专业及其发展前景、认识自我、学会人际交往、学会自主学习和生活、时间管理、自我管理、有效利用资源、面对挫折及困难的心理调适、沟通技巧和方法、大学生涯规划、职业生涯规划、人生奋斗目标、积极的生活态度、学会爱（亲情、友情、爱情）等板块内容构成。教师可对所选板块按轻重缓急及层次顺序，逐一展开教育。此外，还可以规定学生可选板块的上下限，由学生结合实际情况选择所需板块。始业教育课程仅仅通过教师在课堂上讲授是不全面的，还需要注重课堂上的互动活动及课后实践的配合。

新生研讨课（班）。新生研讨课源于哈佛大学的教育改革探寻之路，它现已成为世界很多大学所采用的新生教育模式，以培养更富竞争力的人才。各学校对新生研讨课的定位不同，从注重科研、学习热情和兴趣的激发，到注重讨论、写作能力和语言的表达能力提升，再到注重与生活和实际情境的联系和应用。它们的共同特点均在于经过学生课前的自主学习、独立和创造性的思考，课堂上教授或博士生助教的讨论引入，根据学生课堂上互相辩驳和启发的自由讨论内容由教师做课后点评。始业教育也应借鉴此种经验，适当引入新生研讨课（班）。

活动和学习计划。始业教育需要通过课外有意的活动和学习计划提高教育质量。除了新老生见面会、迎新晚会等常见活动，还可尝试让校领导走进课堂、院系领导本院系新生在食堂共进晚餐、参观博物馆等活动。与重在通过各种方式的活动，让新生在参与中通过自我努力融入大学并找到归属感，为未来的道路打下坚实的基础。

2. **自我发展计划**

美国麦克斯威尔·马尔茨博士（Maxwell Maltz）的《心理控制术》中提到，每个人的真正目标都是获得更充实的生活——更好的活着。更充实的生活意味着更多的成就，实现更多有意义的目标，更多地得到爱和给予爱，更加健康和快乐，使自己和别人都更加幸福。自我发展计划指通过教育使学生懂得人生的意义和目标，并通过教育使学生掌握为达成人生目标如何进行自我控制和自我管理。

（1）以目标为导向的自我发展计划。创新创业是与自我发展紧密结合的。以目标为导向的自我发展计划可外化为编制创新创业实用手册（新生版和毕业生版）。手册中可以列出创业前准备事项、创业初期需要做的事和注意的问题。例如，手册中包含创业前的必要准备、各种手续和执照的办理、一些成功的供选择项目等。内容上务求简明扼要、清晰明了。此外，手册还可向学生介绍各个学习阶段应提高的能力及参考书目和执行策略等。在制定时，可参考以下三个渐进的目标系列，每个层次目标都含有认识层面和操作层面两个维度。

一是初级目标：主要面向大一学生。①了解自我，了解有效学习的方式方法；克服以自我为中心，学会与人良好相处和沟通，学会时间管理，学习观察和发现问题，发现自己的不足并努力改正；具有爱心并学会关心他人，具有开拓精神和主动性，具有刻苦勤奋品质和创新意识。②通过不懈努力克服自己的某个顽习（生活或学习习惯方面），制定自己的短期日程安排，树立自己的短期目标，排除各种阻碍去完成。在某个团体中，体现自己的价值。

二是中级目标：主要面向大二学生。①继续培养语言表达能力，勇于承担责任，专心与细心，在信任他人与依赖自我中找到平衡，尊重并体谅他人，培养执行力，深化开拓精神的培养，深刻理解思维的过程，掌握创新思维的方法与技巧，初步了解创业思维，注重改善自己的道德和礼仪水平，与人为善，寻找属于自己的精神导师或精神书籍，制定大学生涯规划，树立中期人生目标，学习转换视角和思维方式。②利用业余时间或寒暑假自学一门自己感兴趣的课程。在某个团体中，树立自己的威信，并能影响和凝聚整个集体。通过辛苦的付出，取得成绩或赢得他人尊重。清晰地列出自己的优缺点，尝试通过21天习惯养成的方法改正缺点。参观当地的创业型企业、大学生孵化基地或大学科技园等。

三是高级目标：主要面向大三、大四学生。①懂得豁达与宽容、分享与分担，采用以目标为导向的行动方式，不畏惧困难，妥善解决问题（懂得迂回），拥有准确的判断与果断的决断，有预见性和前瞻性，通过成功体验提高自信。②参与社会活动、商业活动或赛事。尝试团队的组建，担任团队的领导者或主要负责人（有责任担当）。参加实习或创业型公司见习。

（2）以过程执行为导向的自我发展计划。此维度注重学生自我行为的塑造和习惯的养成。通过学生自主的记录、分析、反馈和调整的不断循环，随着不断执行“自我发展日、周、月、学期计划”，学生的自我意识会不断增强，自控能力将不断提高。在自我发展日计划中，着重强调学生对时间的管理问题。将一天内需要做的事情按照价值和紧迫性两个维度分类，在此简单介绍以过程执行为导向的自我发展计划的简要制作思路：先向大学生发放自我发展记录册，并请教师讲解自我发展的重要性和记录册的使用方法；然后组成3人以上9人以下（尽量为单数、尽量打破寝室界限）的自我发展小组，小组确定共同的兴趣主题，并为每组配备一名高年级导师，负责监督并协助管理小组。这种通过自我记录、自我发现和自我反思并接受一定督促和经验交流的方式，如方法得当并能坚持下去，可取得喜人的效果，并可逐步拓展为自我终身学习日志，通过自主的方式用一生的时间不断开发自我潜力。

每个学生个体都是现实环境的积极应对者，自我具有不断调整、改变自我意象的意识，且内心都具有实现自我价值的愿望。在此视角下，大学一年级和二年级正处于具有极高自我实现意识和较强可塑性阶段，开展对学生的自我塑造课程有重要意义。另外，自我发展计划也可被看作一种终身学习的实施手段。全球范围内均认识到终身学习及自主学习的重要性，但其更多的是一种教育理念，学校并没有教授自主学习的方法和策略。这种方法策略的最初学习可以结合创新创业教育展开。

第七章　高校创新创业教育绩效评价的策略研究

第一节　高校创新创业教育绩效评价的理论基础

一、绩效与绩效评价

（一）绩效

“绩效”一词由美国学者贝茨（Bates）和霍尔顿（Holton）于1995年提出，他们认为绩效是一个多维构建的名词，观测评估的角度不同，其结果也会大相径庭。在理论上，管理学、经济学和社会学都对绩效管理进行了比较丰富的研究。管理学认为，绩效是组织期望的结果产出，是组织为实现其目标而展现在不同层面上的有效输出；经济学则认为，绩效与薪酬归属于员工和组织之间的对等承诺关系，绩效是员工对实现组织目标成果的承诺凭证，薪酬则是组织对员工所做出的承诺的回馈激励。以社会学角度观之，绩效蕴含着社会中每一位成员依据劳动分工所确定的身份所应承担的责任。

在实际应用中，对绩效的理解主要有三种：绩效即是完成任务；绩效即是结果为产出；绩效即是行为。第一种绩效等同于任务的完成，这一界定简单易于理解，其主要适用于一线车间生产工人与体力劳动者。他们的绩效就是定量完成所分配的生产任务，直至今日这个论断依然适用。这就意味着一线生产工人与体力劳动者只需要完成指定的工作任务，无须考虑该产品生产出来是否被顾客所接纳。第二种绩效即结果或产出，认为绩效以结果或者产出为导向，强调结果与产出为绩效考核重点，该界定在实际运用中最广泛。最后一种，绩效是行为，即将绩效跳脱出个体无法控制的结果产出、目标完成等情况，更加注重个体或组织的过程行为发展情况，使管理者能及时获得个体或组织的活动信息，进而能更好地对其进行指导或帮助，保证长期效益。

我国大多数组织经常从“德、能、勤、绩”四个方面对绩效进行衡量、评估。细细分析下不难得知，“德、能、勤、绩”这四方面恰如其分地体现了结果与行为的综合：“勤”体现为行为；“绩”被视为结果；“能”表现为胜任力，即个人特质；“德”则既体现了行为，又体现了个人特征。可见，绩效仍被偏爱用于以结果为导向来衡量成绩。

（二）绩效评价

绩效评价又被称为绩效评估或者是绩效考核，是指对个人或组织工作结果和工作行为的确认过程。只有对被管理者的绩效成绩进行评估后，管理者方知绩效实况，并为改进绩效成绩提供方向依据。绩效评价作为一种明晰的管理程序适应于实战当中。1918 年，通用汽车公司第一次尝试制定标准以对员工的工作表现进行评估，此后绩效评估成为人力资源管理活动中不可或缺的环节之一。绩效评价是人们对特定客体的某个具体方面的实况进行的评判，是主体对于客体的认识活动。绩效评价活动与绩效评价能力随着社会取得的长足发展而不断进步、完善。以经济学角度观之，评价本身属于生产关系的范畴，对生产力的发展起到推动作用。而绩效评价活动的存在，促使人们更科学客观地提升对个体或组织的活动轨迹的认识与掌握，进而采取更加积极、科学的方法改进组织的生产现状，提高组织的发展生产，以确保组织获取更大的利益。

绩效评价一般包括三层含义：第一，基于组织经营的目标评价职员工作的过程或成果，并将评估的成绩与人力资源其他相关的管理职能进行对照，进而保证实现组织的经营目标；第二，它是构成人力资源管理系统的必不可少的一部分，运用系统的规范制度，采用标准的方法，利用科学的流程进行考评；第三，对组织员工的日常工作表现进行实事求是的评价，其中包括该员工的工作能力、工作态度以及其工作业绩。随着经济的发展，人们不断深化对绩效评价的认识，绩效评价的含义也必然超越以上三个层次的意义，不断升华新的内容。从传统的绩效评价到现代的绩效管理正是该种趋势的体现。而随着管理科学理论的深入发展，绩效评价理论体系已然渗透于管理科学的各个环节当中，如供应链管理绩效评价、知识管理绩效评价等，对现今企业更好地为客户提供服务具有长足的意义。

绩效评价对各种先进的管理方法的应用有良好的促进作用，是任何先进的管理理论与方法应用中不容忽视的重要环节之一。

二、理论基础

（一）投入产出理论

20 世纪 60 年代，列昂惕夫提出投入产出理论用以研究社会各部门在生产中的相互依赖关系，系统地分析各经济产业内部错综复杂的关系状况。以投入产出理论为方法论对高校创新创业教育绩效进行评价研究，体现了对高校在创新创业教育办学上绝对“成绩”与“效果”的看重，更体现了对创新创业教育相对“效益”和“效率”的关注，是对创新创业教育办学资源配置与资源有效利用的分析。投入产出理论常被应用于投入产出比例关系的考证，因此基于投入产出理论对高校创新创业教育绩效的评价研究即是通过制定一套相应的投入指标与产出指标，依据某一评估方法计算出高校在创新创业教育上的整体投入与实际产出情况，然后将两者相除得出高校创新创业教育的绩效结果，从而对高校在师资队伍建设、学科课程专业、实践平台等方面的建设绩效进行评价。该研究能科学地对其在学生、教师以及高校层面的创新创业教育产出进行合理评价，反映出投入与产出两者之间的比例关系。

（二）目标管理理论

任何成功的组织团队都需要建立明确的、以结果为导向的绩效目标。但如何对组织团队进行绩效评测常令管理者与领导较为苦恼。目标管理理论是 1956 年美国管理大师德鲁克在《管理实践》一书中提出的一种针对绩效评价的管理思想体系。根据德鲁克的观点，管理必须以目标原则开展，即为每一项工作设置具体可行的总目标，并围绕该目标有目的地开展工作。目标管理依据使命制定组织在一定时期内的总目标，据此将工作进程进行划分，进而科学分配在整个进程中的个体责任与目标，从而促使组织上下一心共同完成任务，最后将这些目标视为经营考核与改进完善的标准。

目标管理理论的主要特点是以结果为导向评价绩效，该观点的主要代表人物是凯恩（Kane）与伯纳丁（Bernardin）等人。凯恩与伯纳丁等指出，绩效是在特定的时间内，由特定的工作职能或活动所创造的产出记录，工作绩效的综合相当于关键和必要工作职能中绩效的总和（或平均值）。因此，绩效应该被定义为工作的结果，因为这些工作的结果与组织的相关目标、顾客满意程度及所投资金息息相关。由此可见，结果导向型的绩效是工作所达到的成果，是个人工作业绩的记录。这种以结果为导向的机制可以极大调动组织各方的积极性，冲破一些瞻前顾后、僵化不前的管理思维陋习，从而使绩效评价具有更强的说服力。

因此，本书结合国务院《关于深化高等学校创新创业教育改革的实施意见》对高校创新创业教育的具体任务和要求，遵守可操作性、全面性、合理性、代表性、科学性等原则，基于结果导向型的绩效目标管理法构建绩效评价体系，重点关注高校创新创业教育在师资、课程及实践平台方面的投入与产出结果，有助于合理构建凸显创新创业教育贡献的价值指标。

（三）关键绩效指标理论

关键绩效指标（KPI）是一种对组织内部某一流程的输入端、输出端的关键参数进行设置、取样、计算、分析以衡量流程绩效的目标式量化管理指标。作为一种工具，它把组织的战略性目标分解为可运作的具体目标，是组织绩效管理体系的基础。

KPI 是一种被大多企业广泛应用于绩效评价的方法，便于部门主管明晰各个部门的主要职责，并在此基础上制定相关人员的业绩衡量指标，从而使业绩成效考评得以量化。一般来说，做好绩效管理的核心在于遵循 SMART 原则并建立明确、具有操作性的 KPI 指标体系。所谓 SMART 原则是指 KPI 指标体系应具体（specific），目标具体，个体或组织能理解需要具体做什么抑或完成什么；应可衡量（measurable），目标要可以衡量并使个体或组织明白衡量自己工作结果的方法；应可以实现（attainable），目标要可实现，没有超出个体或组织的实际能力范围；应是现实的（realistic），目标是现实的，绩效符合公司实际情况，并且可以被证明观察；应有时限（time-bound），目标的实现是有时间规定的，使个体或组织明白应在何时完成工作。

基于 KPI 对高校教师进行绩效考核，一般会立足教师的职责与目标构建教育、科研、社会服务与教师品德四大绩效考核指标。其中，教育绩效考核指标涵盖对教学工作量、教学方法、教学效果以及教学成果等的考核；科研绩效考核指标则包括对论文著作的发表、科研项目和科研经费、科技成果及获奖、教材专著出版以及科技成果应用等的考核；社会服务绩效考核指标则侧重考评在院系、学校及社会层面担任的角色以及提供与参与的管理；教师品德绩考核指标则主要考核教师的责任感与思想道德。

可见，KPI对组织战略目标进行了分解，便于制定在各部门可被有利执行的有效的战略决策，从而使组织上下能清晰认识到职位工作职责与关键绩效的要求，确保各层级人员共同的努力。同时，KPI是对绩效构成中可控制部分的衡量与重点经营活动的评估，而非对所有活动操作过程的映射，因而能为绩效管理提供更为公开、公正、客观且便于衡量的基础。对此，本书基于国务院《关于深化高等学校创新创业教育改革的实施意见》对高校创新创业教育的具体任务和要求，以创新创业环境、创新创业投入与创新创业产出为关键要素对高校创新创业教育的绩效进行研究分析，有助于各高校清晰了解创新创业教育领域中的关键绩效参数，针砭时弊，从而及时采取行动予以改进完善。

（四）创新创业教育指标

指标是一种反映某社会活动在某个特定的时间或条件下的规模、程度、比例、结构等的概念与数值。一般来说，指标涵盖名称与数值两个部分，是一种评价标准，同时是一种规章制度。恰如美国学者伯纳德·鲍莫尔（Bernard Baumohl）在其《经济指标解读：洞悉未来经济发展趋势和投资机会》一书中所说，仅仅一个统计数据就能引发众多连锁反应，故每周、每月、每季度发布的经济指标能使股票、债券、货币市场总处于不停的运动中。可见，指标的运用能对人类的生产和生活起着潜移默化的影响。因此，反映教育水平的教育指标被认为是在符合一定价值判断和价值追求的基础下，组合一系列相关软硬指标而形成的评判教育发展和人的全面发展的标准规则。那么，创新创业教育指标则可以理解为以培养创新意识、创新精神与创业能力为核心导向的数据指标系统。

1.IEESI 指标构成

目前，学者对创新创业教育评价指标的研究主要包括以教育过程为基础的过程导向指标，以高校创新创业教育的背景、输入、过程和成果为主目标层的全局指标，基于目标、客户、流程、资源四个维度系指标的系统指标；以环境、产出、投入为主的效果指标。此外，还有学者将政府相关部门及地方高校视为主要构成者，将高校学生视为参与客体，并基于评价导向、评价主体、研究方法等分类进行甄别评估指标。

然而，不论是行为导向、过程导向还是结果导向的创新创业教育指标，都是作为一种价值测量工具对创新创业教育进行判断评估，进而改进创新创业教育的一种实现形式。本书认为创新创业教育工作是依据国家相关部门关于创新创业教育政策，在各级创新平台的环境下，投入相关的人力（师资力量）和财力（相关经费），组织开展的课程教学活动，其最终效果体现在创新创业教育的产出上。而高校创新创业教育绩效反映了高校高等教育改革的关键内涵，对其加以评价则应认识到创新创业教育绩效的复杂性和多维性。在理论上，管理学、经济学、社会学等领域对绩效管理都进行了比较丰富的研究，但是影响力最大的概念仍然是以结果或产出为导向的主张。故此，创新创业教育绩效评估评价过程应体现和反映创新创业教育的目标、计划、行动和结果各个环节，标应将环境、投入过程、产出结果纳入创新创业教育绩效评价管理的全流程。创新创业教育指标不仅涉及宏观评价与微观评价，还需要包含管理评价、经济评价与社会评价，注重成果评价与过程评价的辩证统一。基于上述考虑，本书根据关键要素调查法确定评估方案，组织从事学生教育和管理工作的资历深厚的工作者以及部分教育专家开展研讨会，进行意见探讨分析，列出了一系列评估创新创业教育绩效的关键要素指标，然后采取重点访谈及座谈会的形式听取了专家学者及社会各界对相关问题的建议，结合国务院下发的《关于深化高等学校创新创业教育改革的实施意见》，将环境、投入过程、产出结果纳入创新创业教育绩效管理的全流程，同时参考相关权威机构或学者提出的教育评估体系中的方法和实践思路，形成了创新创业教育信号指标（Innovation Entrepreneurship Educational Signaling Index，以下简称 IEESI）。

IEESI 主要从“环境”“投入”与“产出”三个主目标层维度评价创新创业教育绩效，以成果考核为导向，根据专家法将“环境”“投入”与“产生”三个方面的指标权重分别设为 15%，35% 和 50%，并分别对三个维度进行细分和具体化。

首先，在“创新创业教育环境”方面，即 IEE 环境方面，主要关注创新创业教育所的整体背景环境，既包括学校实体的组织环境，又包括创新创业教育制度背景，基于实践及制度对高校创业创新教育能力进行衡量。这主要反映了国务院对深化高等学校创新创业教育改革总体要求中着重强调普及创新创业教育的精神，从而重点关注两个二级指标，分别是制度建设与组织支持。其中，制度建设基于顶层设计与教务管理层面评价高校创新创业教育的可持续发展能力与绩效，因而本书将对高校的制度建设进行解构，将其划分为两个三级测量指标：总体规划与教改制度，而对组织支持的测量主要从三级指标（机构属性与院系参与）的角度考虑。

其次，在“创新创业教育投入”方面，即 IEE 投入方面，主要衡量高校在创新创业教育上所做的各项包括物质资金、人力、时间、课程设施等方面进行的投入，是成果导向的重要影响因素。鉴于“资金”具有隐晦不明特征，较难操作，故本书不做评估。因此，创新创业教育投入主要从三个指标加以考虑。一是师资培养，主要从学术会议与能力培训两方面对创新创业教师本身已具备的能力和高校为提升创新创业教师的能力所进行的投入进行测量。二是课程建设，指全校性课程和专业课程开设情况。三是平台建设，指创新创业论坛与创新创业基地的建设情况。基于师资、课程教材、落实创新创业教育的实施机构与场地供给方面评价高校创新创业教育的普及与推广情况是证明高校是否突破创新创业教育资源障碍的有力依据。

最后，在“创新创业教育产出”方面，即IEE产出方面，主要对高校创新创业教育成果进行检验，是整个创新创业教育活动发展的核心所在。在对高校进行创新创业教育成果评估时，不同的评估主体，其价值诉求及评估角度不同，因而“IEE产出”指标可从三个方面进行解构。一是学生成果，可直接分解为能促使学生创新创业水平提升的实训项目。二是教师成果，主要考察教师在创新创业教育上产出能力的高低，体现为学术产出与产教融合。三是学校成果，可从学校在创新创业方面的竞赛荣誉与省部奖项数考核绩效。基于学生、教师与学校一体化的成果产出评价指标是坚持以人为本的科学发展观，以学生的发展为本，推进全校性创新创业教育，着力提高学生综合素质与职业能力的重要根据。

2.IEESI 指标处理

很显然，能力无法被直接度量出来，需要通过度量替代标识——教育信号菜单加以推断。因此，对IEESI指标进行解构处理尤为重要。

一般说来，指标赋值主要分为四种：指标“最大化”（指标赋值越大越好）、指标“最小型”（指标赋值越小越好）、指标“适度型”（指标赋值为某一个特定值最佳）和指标“区间型。（指标赋值取在某一规定区间最宜）。本书采用指标“最大化”赋值方法。由于不同指标刻度尺不一样，赋值不同的信号值与表达的意义偏好不同，无法科学客观地评价目标对象。因此，必须对指标作标准化与归一化处理，使不同指标刻度尺度保持一致，即根据指标信号值与创新创业教育的重要密切程度对指标统一做规范化处理。

第一步，根据专家座谈法对各项指标评分内涵细则进行一致化处理。

（1）总体规划评分以学校综合改革方案以及“十三五”规划所列出的深化双创教育改革相关内容计数算分，超过2项以上的制度得满分2分，缺一项文件扣1分，扣完为止。

（2）教改制度评分以完善人才培养质量标准方案、改革教学和学籍管理制度、教师双创教育教学能力建设、双创资金支持和政策保障体系、双创训练指导服务等文件计数算分，满分 3 分，缺一项文件扣 1 分，直至扣完为止。

（3）机构属性评分按机构性质给分，成立实体性的双创学院得 7 分；隶属教务处得 6 分；隶属团委得 5 分；隶属学工就业办得 4 分；隶属其他部分的得 3 分；没有成立机构的不得分。

（4）院系参与度以院系成立双创领导小组、领导院系参与双创工作与否进行评分，若成立且参与则得 3 分，未成立与参与扣 3 分。

（5）学术会议评分以参加省级学术会议人次数计数算分，5 人次以上得 5 分；少 1 人次扣 1 分，扣完为止。

（6）能力培训评分以参加创新或创业教育相关师资培训人次数计数算分，1 人次 1 分，最高得分 5 分；少 1 人次扣 1 分，扣完为止。

（7）全校性课程评分以双创课程（包括线上与线下课程）总开设数计数算分，不少于 10 门可得满分 10 分，少 1 门扣 1 分。

（8）融专业课程评分以建设与专业特点相融合的双创课程数计数算分，建设 5 门以上得满分 5 分，开设 2 门以上得 3 分，开设 1 门得 2 分；有文件方案制度可查，着手推进建设与专业课程相融合的双创课程的得 1 分；没有不得分。

（9）双创论坛评分以该校创业家讲座、沙龙开设场次计数算分，不少于 5 场的高校得满分 5 分；缺 1 场扣 1 分，扣完为止。

（10）双创基地评分以创业实践平台建设开展的层次水平算分。建有创业咖啡、创业俱乐部、创客空间、创业孵化器等基地得 3 分，没有不得分；基地与社会企业共建共孵实训项目或实验基地得 2 分，没有不得分，满分 5 分。

（11）实训项目评分以国家级创新创业实训项目数计数算分，合计不少于 25 项得满分 20 分，少 1 项扣 0.8 分，扣完为止。

（12）创就业率评分以该校创业企业家校友与当地相关合作单位签约项目数计数算分，项目数不少于 20 项得满分 10 分，少 1 项扣 0.5 分，扣完为止。

（13）学术产出评分以学校为单位在知网以“双创教育”为主题发表的论文数计数算分，篇数不少于 20 得满分 5 分，缺 1 篇文件扣 0.25 分，扣完为止。

（14）产教融合评分基于产学研协同合作育人项目数计数算分，项目数不低于 20 项得满分 5 分，少 1 项扣 0.25 分，扣完为止。

（15）竞赛荣誉评分基于湖北省赛区获“互联网 +”大创赛复赛获奖奖项数计数算分，获奖数不少于 10 项则得满分 5 分，少 1 项扣 0.5 分，扣完为止。

（16）省部奖项评分以获有全国创新创业工作典型经验高校、深化创新创业教育改革示范高校、高校实践育人创新创业基地中任一奖项得 3 分，获其中任两项得满分 5 分；获得省级深化创新创业教育改革示范高校、大学生创业示范基地、孵化器等其中任一项省级奖项得 2 分，其中任两项得 4 分，最高 5 分，没有扣分。

第二步，根据各项正向化指标内涵确定具体的创新创业教育绩效评价细则，并以高校官方网站、官网新闻网站、教育部网站、百度咨询等公布新闻资讯为指标的数据标准，通过自编的爬虫程序与人工筛查并举的方式抓取采集。

第三步，异常值处理。对于给定的指标，计算 47 个高校样本值的平均值 μ 和标准差 σ。根据六西格玛理论，如果样本值在区间［μ-3σ，μ+3σ］之外，我们将其定义为异常值，分别用 max {0，μ-3σ} 和 μ+3σ 替代极小和极大异常值。

第四步，标准化。在给定指标的前提下，计算 47 个高校样本的平均值 u 和标准差 σ。本书对每一个高校的样本值做线性变换，将该指标的样本分布由非标准正态分布转换为标准正态分布。

第五步，归一化。在给定指标的前提下计算 47 个高校样本的最大值和最小值。将该指标的样本分布映射到区间［0，y］上。

为了更显著地表示各个指标样本的数值，我们采用 100 分制进行处理。将归一化的结果乘以 100 得到各个指标对应每一个样本规范化的数值，然后按照事先给定的权重，依次加权计算上级指标和综合指标得分，最后依照各高校的创新创业教育要素的指标得分对其进行排序，从而为创新创业教育的发展提供一定参考。

第二节　高校创新创业教育绩效评价的现状及原因

一、高校创新创业教育绩效评价现状分析

根据 IEESI 得分绘制了湖北省 47 所本科院校创新创业教育绩效频率分布直方图（图 7–1），根据图 7–1 可知，创新创业教育绩效得分 70 分以上的高校仅占比 23%，绩效评分 20 ～ 50 分区占比较大，得分分布不均匀。由此可见，由于各高校性质不同，高校领导重视程度不一，在创新创业教育上的资源配置存在差异，从而形成高校创新创业教育发展分布形式不均衡的总体现状。

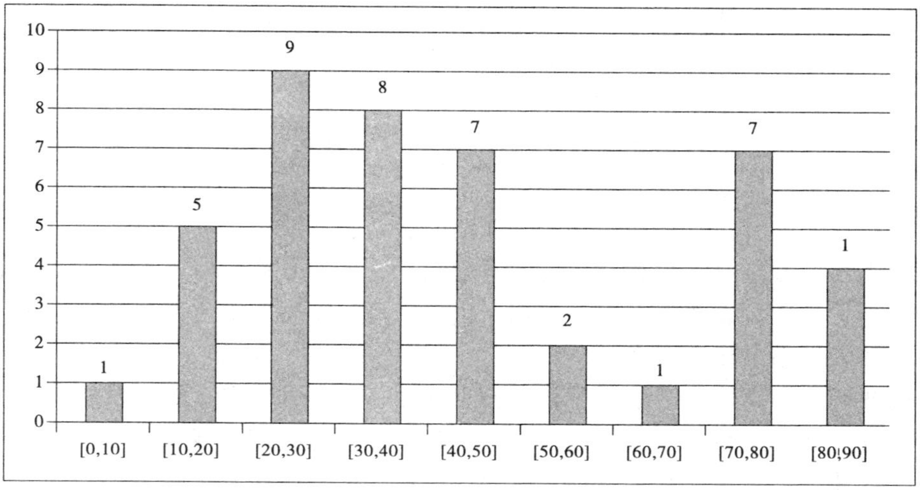

图 7-1　湖北省本科院校创新创业教育绩效频率分布直方图

大部分院校的创新创业教育绩效得分不高，说明本科高校的创新创业教育发展水平仍需提高。各高校的创新创业教育发展始于“同一起跑线”，本应“齐步走”，但实证研究结果显示，不同体量、不同性质的高等院校在创新创业教育过程中的环境建设、资源投入以及成果产出上仍存在较大的差距，同时各高校因教学能力与教学资源的差异，领导对创新创业教育的重视程度不同，致使高校在创新创业教育发展上呈现出两极分化趋势。因此，各高校领导应强化对创新创业教育的认识与重视程度，科学定位高校的创新创业教育，加大对创新创业教育的资源性投入与人才引进；借助创新创业第三方平台或学术组织提升自身教育教学实力，弥补自身短板。

本书以指标体系的主目标层为依据，从环境、投入与产出三个不同方面对所有高校的得分进行分析，研究高校创新创业教育绩效的不同指标的现状与趋势。

（一）湖北高校创新创业教育环境建设情况分析

创新创业教育作为一个教育体系，不可缺少制度组织建设的保障。制度与组织的建设能杜绝创新创业教育的表面繁华，确保高校创新创业教育落到实处。

在创新创业教育信号指标模型中，一级指标环境因素包含制度建设与组织支持。其中，制度建设层面包含高校在创新创业教育上的总体规划与教改制度。而创新创业教育组织支持主要从机构建设的属性以及与创新创业教育机构和各院系参与程度角度评价创新创业教育育人环境的可持续发展程度，其主要表现为是否成立专门的独立机构从事创新创业教育相关工作的安排与管理。同时，成立实体独立的创新创业学院与隶属于教务处团委等不同的机构所能赋能于创新创业教育的发展亦是不同的。

大多高校在创新创业教育开展中面临机制性障碍，即尚未落实创新创业教育进入人才培养体系的制度安排，如何避免这一落差也成了解决该难题的关键所在。另外，只有较少高校成立的创新创业教育机构属于独立实体，能全面承担学校创新创业教育理论教学与落实教学活动，而与各教学院系积极互动，能充分调动大学生创新创业积极性的创新创业教育组织机构少之甚少，创新创业教育工作领导小组建设不全。

由此可见，高校对创新创业教育的重视度日益增强，但在制度及组织构建层面仍处于萌芽阶段，尚未有完善齐全的创新创业教育制度成果：学校的学科建设、人才培养目标、师生激励导向与质量评价体系一般都未将创新创业教育纳入其中。

（二）湖北高校创新创业教育投入情况分析

雄厚的师资力量、本土化优质课程教材以及充足的实践教学平台是高校普及推广创新创业教育的重要保证。因此，基于师资培养、课程及平台建设的视角考量高校创新创业教育的水平具有十分重要的意义。而大部分高校对教师师资能力的培训大多囿于传统课堂教学能力的培养上，丰富其通识教育的基本知识容量与通识专业创新研究，在创新创业教育专业能力培训上的投入仍旧寥寥无几。

在整个教育活动中，课程作为最小单位是基础性的存在，是活动开展的依托，因此要推动创新创业教育活动的发展就要抓住课程这个基础和关键。本书对课程建设上的评估侧重全校性的创新创业课程的开设以及融专业课程开设。74% 的高校已逐步开始面向全校学生进行创新创业教育课程建设。但需要注意的是，一些高校将大学生的职业生涯规划、大学生就业指导以及职业压力管理等相关课程同创新创业教育课程相混淆，抑或面向全校学生开设创业设计思维与创业启蒙等创业基础理论通识选修课，缺乏案例实训，而更多的是开设没有教学任务与教学目标、具有一定随意性的在线视频课程，要求学生自愿参与，没有系统完整的课程教学体系。同时，大多高校在开设创新创业教育课程时都忽视了与专业课程的交叉融合，从而难以将创新创业教育与专业学科特色有机融合起来，无法保障学生进行系统化、专门化的学习。

创业实践是创新创业教育不可或缺的一个环节。借助创业实践平台一方面巩固学生所学之理论知识，另一方面将学生所学之理论知识付诸实践行动中，加强理论与实践应用之间的关系，最终实现两者之间的促进转化，从而在平台建设中基于创新创业讲座或沙龙论坛等第二课堂活跃程度与创新创业基地评价高校的创新创业教育投入效果。大多高校创新创业教育实践局限于讲座论坛的经验分享活动，大学科技园、创新园、孵化基地等与校园外的企业交流合作脱节，并并未给学生提供真切实在的创业体验。可见，高校在创新创业教育的师资课程平台建设上还有待完善丰富。

由此判断，高校创新创业教育融入人才培养体系面临着资源性障碍，即师资力量薄弱，本土化优质教材缺乏，创新创业教育的实施机构以及专项工作场地供给不足，这些阻碍了创新创业教育更好地在高校落地开花。

（三）湖北高校创新创业教育产出情况分析

在国外研究中，Vesper 等在对美国 941 所、加拿大 42 所以及其他国家 270 所商学院进行实地调查时发现，影响高校创新创业教育水平的重要因素主要有以下 7 个，分别为创新创业教育课程、教师发表的论文和著作、高校的社会影响力、成功校友数量、创新的创业教育项目、毕业校友创建新企业情况、外部学术联系（包括举办创业领域的重要学术会议和出版学术期刊等）。将创业教育的课程投入与教师学生的成果产出两方面进行对比评估，以衡量创业教育效率。因此，基于因果关系的反推逻辑，从产出成果视角衡量高校创新创业教育发展水平可清晰映射出创新创业教育源头建设存在的优劣。

创新创业教育产出评价将学生、教师以及学校成果作为信号指标反馈当下创新创业教育的绩效状况。学生有关国家级实训项目理论成果以及发表的与创新创业教育相关的论文较为丰硕，但在创业企业家反哺就业与创新社会贡献方面的成果转化率不高。同样，在以高校为单位的教师成果中，大部分高校均能检索出以创新创业教育为研究领域的知网文献，可见高校教师在创新创业教育理论学术研究方面做出较大贡献，但在产教融合、产学研方面，教师成果的社会影响力分布不均。高校创新创业教育的成果产出转化能力较为低下，且各高校间的社会影响水平极为不均，头尾差异明显。现今，不管是学校还是相关职能单位都未建立较为完善的创新创业教育质量评估体系，对开展创新创业教育的成效如何尚不明确。因此，对高校创新创业教育的成果评价不仅要重视学生个体创新创业的能力产出，也要重视对社会有价值有影响力的产出。

据调查数据显示，90% 以上的高校已开展创业教育，但尚未制定较为完善的教育质量评价体系，忽略学生在创业实践学习中的知识积累与技能培养，更忽视了创业创新行为对社会发展的贡献与价值。

二、高校创新创业教育绩效评价原因分析

（一）创新创业教育认知不高，存在观念性障碍

目前，我国正积极贯彻创新创业教育，各大高校都致力提升学生创新创业能力。但不容忽视的是，受传统观念的影响以及对创新创业认知的不足，很多高校依然保有传统的“就业观”，以提高毕业生就业率为创新创业教育的衡量指标，简单地认为创新创业教育是对创业意向与创新天赋并存的学生提供教育引导，是缓和当下高校毕业生就业形势不佳的政策措施，从而使受教育的学生范围愈发狭窄，普惠创新创业教育实践流于形式，难以实现“面向全体，融入人才培养全过程”的育人追求。

另外，创新创业部分高校未能真正意识到创新创业教育对我国由“中国制造”向“中国创造”转变的重要意义，并未深刻领悟到各项创新创业教育政策的意义，各高校领导对落实创新创业教育的政治站位不高，重视程度不够，从而将“创新创业”教育作为政治任务，使创新创业教育没有专门的管理机构，缺乏一定成熟的管理运行机制，权宜化、功利化趋势显著。同时，大多学生长期以来受应试教育影响，对创新创业教育欠缺深刻认知，仍以分数衡量自己在教育上的所学所得，用呆板固化的思维看待问题、分析问题，从而阻碍了自己的创新性、创造性思维的培养与开发，导致创新创业教育的内生力不足。

由此可见，若高校不将创新创业教育纳入自身的中长期发展规划当中，未将其视为社会经济转型发展新时期对人才培养提出的新要求，仍以传统教育观念看待创新创业，对创新创业教育表现出功利化，那高校则难以培养出具有创新意识、为创新型国家服务的人才。

（二）创新创业教育人才供给不足，存在资源性障碍

一支具有专业创新创业教育能力的师资队伍是创新创业教育得以开展的前提和基础。创新创业教育是一项理论与实践紧密结合的教学活动，因而从事创新创业教育的教师不仅需要具备创业相关理论知识，还要根据时代与市场需求，将创业理论与创新创业实践灵活有机融合，进行创新创业内容的教学，从而确保创新创业教育内涵与创新创业教育教学质量，使创新创业教育教学效果事半功倍。目前，湖北省大部分高校的创新创业教育师资队伍单薄。大多高校的创新创业教育师资队伍多是由就业指导中心、教务处、校团委等部门的行政干部

或教师组成，缺乏专职从事创新创业教育且具备系统全面创新创业知识体系的教师。创新创业教育需要理论与实践并举的“双师型”师资，但当前既有理论深度又富有扎实创业实践经验的“学者型企业家”或“企业家型学者”十分匮乏。在创新创业教学活动中依旧沿袭以往照本宣科、填鸭式的理论讲解方式，对大学生创业过程中遇到的具体实际难题未能提供及时和有针对性的实践引导，难以真正对大学生创业创新能力进行提升，从而造成了书面理论知识与具体社会实践的脱节。

在课程体系设置上，高校并未给予足够的重视。部分高校对创新创业教育课程的改革上并未落到实处，多用传统的职业规划教育课程、就业指导课程混淆视听来替代创新创业教育课程，抑或停留在开设几门公共选修课、举办几场创新创业比赛的形式上，没有设置单独科学的创新创业课程教学体系，少数创业课程也仅仅局限于创业创新理论，与实践相脱节，与专业相疏离，形式化问题严重。同时，由于未将创新创业教育纳入人才培养方案中，因此创新创业教育课程没有明确的教学任务与教学目标，导致创新创业教育教学活动难以顺利开展。种种以上原因致使湖北省大部分本科院校到目前为止尚未形成完善成熟的创新创业教育体系，普遍缺乏经由实践验证的有效的教育模式。

（三）创新创业教育成果转化能力低下，存在转化障碍

一个具有创意的创业想法若要被成功转化为现实商机需要对想法项目的运营、企业的投入、政府的扶持等，要让一个创业计划落地生根产生实际效益需要多部门联动，系统统筹，协调推进。可见，创新创业教育需要在多方共同协作下才能形成完整的人才培养链。

目前，高校与企业之间欠缺合作，信息资源的交互置换率低，企业仍将自身单纯定位为创新创业教育所培养的人才终端接收使用单位，一味强调企业发展对人才提出的新要求，只重视高等教育最终向企业输送培养的人才成果，并未承担起教育过程中应有的社会责任，反而加深了高校人才培养与社会企业人才需求两者之间的矛盾鸿沟。换言之，大学生缺乏相应的进行创新创业实践训练环境，导致教育理论与实践脱节，使创新创业教育培养出的人才成果与企业实际需求不相符，从而阻碍了产学研成果的发展进程。

与此同时，当下大多高校都在进行创业俱乐部与众创空间等平台建设，展现其具有的科技创新能力及对成果的承载与孵化能力，但就成果转化而言，高校并未具备完全成熟的成果转化应用链。高校科研创新活动缺乏稳定完善的专门针对高校优秀科研成果进行市场化运营的创新创业服务平台，难以保证科研

成果顺利转化，因而众多高校的创新科技成果依然停留在研发的初步阶段，并未真正转化为市场价值。

第三节　提升高校创新创业教育绩效评价的策略

根据实证与现状分析，不难发现本科院校创新创业教育呈现创新创业协同平台建设水平不高、校际差异明显、发展不平衡等问题，表现为高校面向大学生创新创业教育教学不足且无效（师资队伍 / 课程设置）、保障高校创新创业教育开展的支持严重不足（制度组织建设 / 成果转化）。因而，本节将高校创新创业教育视作一个生态系统，着重围绕四个方面为改进湖北省高校创新创业教育健康发展提供对策建议。

一、完善创新创业政策供给，加强创新创业教育巡查监督力度

在创新创业教育活动中，政府部门作为国家创新创业教育政策的供给主体不应单单出台一项或多项创新创业相关政策，而应出台一套关注创新创业教育终身性特征，涉及税收、教育、融资、法律、创业、环境政策等全面且复杂的政策体，为高校创新创业教育的发展建立有效的支撑。一方面，政府应科学调整大学生创业税收政策，加大财政资金投入和统筹能力，完善普惠性税收措施，落实扶持微小企业发展的各项税收优惠政策，积极发挥政府采购对其的支持作用；搞活金融资本市场，降低大学生融资政策门槛，创新银行支持方式，丰富创业融资新模式，面向各行业、各地区以及不同发展阶段企业提供多种融资方式和资金支持，实现便捷融资。另一方面，政府应完善大学生创新创业知识产权保护政策，健全对大学生创业者的知识产权保护与服务，简化专利申请登记手续与程序，同时深化商事制度改革，为创业人才提供良性循环机制，激励大学生创新创业者积极发挥创新性精神与创业热情。

为了保障政策的切实落地，保证创新创业教育真正开展，政府部门需要设立创新创业专职部门，协调各部门统筹负责大学生创新创业政策的落地执行。加强创新创业政策的宣传力度，运用新闻媒体或网络专栏以及线下宣传公布栏对创新创业政策进行传播解说，提高创新创业政策的曝光度与知晓度，避免大学生创新创业政策成为“少数人的游戏”。

建设创新创业教育巡查监督小组，提高高校创新创业教育的政治站位，确保创新创业教育意识到位。极大发挥政府行政系统内部的监督功能，划拨专职部门对创新创业教育政策实施与开展进行监督，呼吁引导社会民众积极参与对高校创新创业教育的监督，鼓励民众对执行未到位的高校主体进行合法的投诉与建议。确立高校创新创业教育政策执行责任制，对创新创业教育责任缺失高校进行相应的惩罚，以提高其政治站位。

二、理顺创新创业教育机制，夯实创新创业教育实体地位

基于前文的实证研究可知，湖北省高校在创新创业教育上存在校际差异，原因在于高校在创新创业教育的组织机构与制度建设上存在较大差距。现阶段，大学生创新创业教育面临新形式与新要求，培养能适应新环境的价值创造者则需要加强高校创业学院的建设与探索。

首先，建设创业学院需要明确指导思想。以《关于深化高等学校创新创业教育改革的实施意见》《统筹推进世界一流大学和一流学科建设总体方案》为纲领，坚持全面部署、统筹协调、分步推进三大原则，秉承创新引领创业、协同育人、分类培养、主体地位和实践为先四大方针，以培养能创办企业的创业型人才为目标，最终实现从培养领军创新人才与行业引领人才向培养领军创新人才、行业引领人才及创新创业人才的战略转变。

其次，明确学院定位。创业学院是学校教学科研单位，是学校推行创新创业教育的主体单位，是学校建构人才培养模式、体制机制创新、打造世界一流大学的“试验区”。因此，学院定位必须厘清创业学院与职能部门和专业学院的关系。创业学院与教务处、研究生院、产业集团等应是合作关系，与人事处、科法院、学工部团委、社发处、财务处等则应是配合关系，与其他专业学院应是平行、服务、指导、合作关系，清晰定位，更好地发挥自身职能。

最后，确立具体的建设目标。创业学院不仅要提高全校学生创新创业意识，还要培养全校学生的创新创业实践能力，帮助更多科创人才创建企业以反馈社会，同时要建设国内具有示范作用的创业型人才培养学院，形成一批创新创业教育成果，力争在国家实施创业推动经济发展中发挥示范、引领作用。

在创新创业教育领导小组与创新创业教学指导委员会下下设创业学院，并且健全荣誉院长、院长、副院长、兼职院长以及综合办公室、教学科研办公室、创业实践办公室和专业教师等必要组织机构。此外，创客空间与众创空间大模块对接创业实践平台，创客空间主要包括教师工作室、实验室及工程训练中心

等，众创空间包含创业园、孵化器与加速器等。人事管理制度上坚持人事自主权制度与事业编制和聘用制相结合制度。人事自主权制度在学校监督和指导下，建立人才引进、导师评聘、职称评聘、考核评价、薪酬分配等管理制度。事业编制和聘用制相结合制度一方面将管理队伍按岗配人，事业编制和聘用制相结合；另一方面按事业编制管理专职教学师资，按课程聘用制度管理兼职教学师资。

三、创新创新创业教育模式，推动创新创业教育学科发展

创新创业教育必须融入学校人才培养体系，将对创新创业型人才的培养纳入高校人才培养目标，建立与创业相关的学科与专业，在人才培养评价规格之上丰富创新创业人才的培养标准，同时建设相应的培养方案与管理制度，秉承精英路线与普惠路线相结合，将专业的生源选拔模式、复合型的师资团队、多样化的教学方式、多元化的培养模式作为教学组织与评价的依据，整合各类资源针对性或全校性地分层分类培养，以提升大学生的创新创业意识与能力。

面向全体学生开设创新创业公开选修课与基础性课程，向学生普及创业实践的基本程序，教授与创新创业相关的基础性知识，提高学生的创业意识精神。遵循一定的成长规律，基于对创业者的深度访谈记录，科学地进行创新创业课程设计，开设不同类型的创新创业实验班，分层分类地进行创新创业教育，促使学生具备创新创业素质和创新创业实践能力。在课程建设中，坚持分类设置，实践为先，突出创业素质培养，注重以创业为目的的专业与行业融合的原则；创业课程内容涵盖创新创业知识的课程群、创新创业素质课程群以及创新创业实践课程群；课程教材建设涉及自主开发编写教材，引进国内相关教材以及翻译国外创业教材抑或高校之间可利用资源优势互补大力建设、完善慕课课程体系，形成创业教育课程“校际选课”制度，使创新创业教育课程建设更趋专业化、个性化。在实践教学层面，创业孵化基地同校内自我教育、自我管理的创业社团相衔接，为大学生创新创业教育及项目提供场地支持及便利化服务，指导大学生自主创业，并培育一批具有母校情怀的企业。

建设创业师资队伍可从创业学院专职教师、校内兼职教师和校外创业导师三大渠道组建高水平、高素质的师资队伍。高校一方面要实施“内部转化”，鼓励具有一定创新创业理论与实践基础、对创新创业教育感兴趣的教师从事创新创业教育，并转聘到创新创业学院，同时注重对其专业化的深度培养，建立专项师资培养经费，对专职及兼职的师资队伍进行业务培训，鼓励其到企业挂

职锻炼研修，了解市场经营管理、风险规避等实际问题，从而提升教师创新创业教育教学能力。另一方面，需要实行“开源引进”，除了聘请校外企业中具有创新创业经验的人员、优秀创业校友、工商税务科技部门等政府职能部门中熟悉创新创业优惠政策的人员充实创新创业教育师资队伍，弥补校内导师经验不足之短处，还需要具有国际视野，向世界有名大学征选卓越创新创业教育人才在师资考核评价方面则依据考核评价与职称评聘并举之法。考核评价办法主要以教学和实践指导效果为主，即包括以学生评价为主的教学效果和以市场检验为主的实践效果。职称评聘办法依据教学类别被划分为科研类教师与实践指导类教师，前者与其他专业学院评价办法一致，后者以创办企业效果为依据，从而确保创新创业教育师资队伍的良性发展。

四、整合成果转化与人才培养路径，构建高校企业协同平台

科技成果转化是将科技与经济进行深度融合的重要表现形式，而高校创新创业型人才培养是科技成果转化的基础。创新创业人才并非只靠课堂教学或实验室就能造就的。目前来看，大部分高校均建立了各类校内实习实训基地，在创新创业人才培养方面起了重要作用，但因高校存在基地维护的时间与资金成本等难题，无法提供创新创业实践环境。另外，高校创新创业协同平台建设尚处于初级阶段，处于低层次低水平、互动自发且松散的不良状态下，同时高校之间发展不均衡，与创新创业人才培养模式的需求尚存一定差距，从而需要在校际与校企间构建协同平台。

企业参与到高校创新创业教育过程中应实现从用人单位向共培单位的角色转变，可与高校一同商定人才培养计划与目标，共同定制培养教育内容与课程教学体系，合作实施培养，共同评价人才培养的质量。同时，在以市场价值与技术创新需求为导向的前提下，加强精通产业与科研的专门从事科技成果转化服务的人才队伍建设，建立与国际接轨、以市场为导向的育人机制，将科技成果转化人才纳入各类创新创业人才引进培育计划。此外，与企业建立良好互动的合作关系，基于高校的研发能力，有力推动与企业的协同合作，开发市场所需的新技术、新产品、新服务。同时，企业为高校创新创业教育引来合适的资源，为大学生创新创业提供资金支持，进而促进大学生创业项目。产学研的良性结合，不仅有效满足企业对人才的特殊需求，缓解人才培养与社会需求之间的矛盾冲突，还有助于学生通过亲身实践参与企业项目研究，自觉地将项目开发与企业实际生产联系起来，提高创新创业能力。

校际要突破静态合作，迈向互动协作，构建协同平台联盟。无论是师资队伍构建还是课程设置，部署985/211高校与省属重点高校的评价度都远高于其余部分本科院校，因而在高校之间建设资源管理平台与共享服务平台，实现“先富带后富，最终实现共同富裕”的创新创业教育双赢局面。首先，平台可对互动双方的创新创业教育动态进行监督管理，不断取长补短；提升高校创新创业教育的管理能力，引导创新创业教育朝着良性的方向发展，使其更符合高校学术的需求。其次，管理咨询平台的运行能有效化解校际在创新创业合作教育过程中出现的矛盾问题，保证校际平等沟通协商，提供最优的创新创业教育方案。再次，基于“互联网+”信息技术打造校际联动的共享服务平台，建立一套完善的在线共享数据库及服务平台，实现校际双方共享创新创业教育人力、物力以及信息等资源，及时发布创新创业教育动态，从而更好地发挥自身的优势与长处，提高大学生创新创业教育的精准性。

第八章　高校创新创业教育模式的构建路径

第一节　国内外高校创新创业教育的典型模式

一、国内高校创新创业教育典型模式

任何一种教育思想和方式的产生都与当下的时代有着密不可分的关系，同时离不开坚实理论基础的支撑。如今，创新创业教育的发展模式多种多样，但总的来说，典型的发展模式有三种，即主体教育模式、个性教育模式、全面发展教育模式，具体内容如下。

（一）主体教育模式

主体教育模式主张人本教育，反对物本教育；主张把人培养成为主体①，它注重学生自主性、主动性与创造性的培养。主体教育的最终目的是让每一位学生都获得综合发展，具体内容包含以下三点。

1. 教育主体

教育具有自我能动性以及相对独立性，主体教育更注重对受教育主体能动性以及独立性的培养，培养学生与社会、企业接轨，这种教育理念随着新课程改革的实施愈发受到重视。主体教育模式要求实行教育本体的形式，严格根据青少年学生的发展规律对他们进行培养教育，不能把学生一直关在温室中，鼓励学生多与社会和企业接触，尊重学生主观能动性的发展，鼓励他们多培养自己的想法，注重自我发展。

---

① 黄崴：《主体性教育理论：时代的教育哲学》，《教育研究》2002 年第 23 卷第 4 期。

2. 受教主体

受教主体指接受教育的青少年学生主体。青少年学生的发展与外部环境有着密不可分的关系，受到自身因素与外界因素的共同作用。因此，主体与其他教育方式不同主体教育模式将学生视为社会的主体，充分激发他们的潜在能力，将学生放在教育的主人翁位置上，并不是把他们当作社会客体进行机械化的改造，注重学生主观能动性的发挥。

将学生放在主人翁的位置上，学校教育和教师就要为学生的全面发展提供便利，激发学生主体能动性的发挥，具体来说，教师在课内课外注重激发学生对学习的兴趣和热情，增强他们对学习的积极性，发挥主体能动性，并带动其他方面能力的发展。这种主体教育模式对青少年学生独立性、能动性的培养有着十分积极的意义。帮助他们养成独立学习、生活的意识，这也符合 21 世纪对人才的要求。

3. 施教主体

施教主体是学校和教师。教师与学生之间的关系并不是简单的主体与客体的关系，教师相对于学生在整个教学活动中有着更高的主体性。主体教育模式首先明确了施教者，大多时候指的是教师。只有教师的主体位置得到了保障，才能在教学过程中培养出具有主体意识的青少年学生。学生的主体性能否获得充分发挥是教师主体性优劣的重要表现形式。

从价值理论角度考虑，主体教育模式将人视为社会生活的主体，从人的主体性对教育的本质和功能进行阐述，它将人自身的价值视为教育的最高价值，青少年学生虽是成长主体，拥有主体性，但仍离不开教育对他们价值观的养成。创新创业教育的主体教育模式使教育对象即青年学生的主体性和其创业意识、创业心理素质、创业能力和创业实践有机结合[①]，最终把青年学生栽培为社会和国家的栋梁之材，让他们成为将来社会的主体，同时充分激发教师和学生的主体性，以此提升青年学生的创造性。

（二）个性教育模式

个性的发展是 21 世纪人才的重要特征，也是教育革新的重点。注重学生个性的发展已经得到世界范围内教育领域的认可，个性化教育已成为如今教育领域改革的核心所在。

主体教育模式注重学生的主观能动性，个性化教育模式则注重不同学生之

---

① 钱美玲、覃丽：《高校主体性创业教育模式的内涵与建构探究》，《石家庄经济学院学报》2013 年第 36 卷第 2 期。

间存在的多样性。每一位学生都是独特的，他们的家庭背景、个体特征、性格特点等都是造成他们之间多样化的原因。个性教育模式正是关注到了不同学生之间的多样性，认可不同学生表现出来的智力、体力、思想、意识和情感态度方面的不同之处，并且按照学生之间的这种不同以及青少年身心发展规律，为学生提供有针对性的个性教育，为学生提供最适宜的教育模式，充分发扬学生的个体特征，为每个学生不同个性的发挥奠定基础，激发学生其他潜在能力的发挥，最终实现德智体美劳各方面的综合发展。

个性教育模式的核心在于施教者为每个学生提供最适合的教育，使学生的个性特长得到充分发展。具体来说，就是充分尊重和发扬每一个学生的特性，根据学生的不同特性因材施教，帮助学生认清自身特性，养成良好的道德品质，突破以往传统僵硬的教学方式，完成教育和学生特性的完美结合，支持学生将自身的特性充分发挥出来，发挥创造性，将自己的个性、爱好以及特长与教育结合起来，为社会的进步贡献自己的一分力量。

个性教育模式鼓励学生个性的发展，而学生不同的个性是创新精神的基础。创新创业教育的最终目的便是为社会的进步提供有价值的人才资源，尤其是创造性人才。因此，以往传统死板的教育模式阻碍了学生个性的发展，僵硬的教学模式不利于学生创新意识的发扬。此外，传统教育模式忽略了学生之间的差异性，只注重教材上知识的教学，而且考试是教学的唯一考核方式，抑制了学生个性的发扬，扼杀了学生的兴趣、爱好以及萌芽中的创新意识。这种教学模式与当前社会的教育理念不相符，21 世纪对人才提出了更高、更新颖的要求，只有注重学生个性的发扬，注重学生创新精神的培养才能满足社会对人才的需求。

例如，浙江大学便是个性教育模式运用的典型代表。浙江大学的前身是求是书院，于 1897 年创建，是中国人自己最早创办的现代高等学府之一。浙江大学的发展史十分辉煌。然而，纵观浙江大学的发展历史可以发现，作为一流大学的领跑者，浙江大学的办学理念大多与个性化本科教育的创新有关。为了展开个性化教育，浙江大学在第二学年才对本科生进行专业分流，学生在一年级可广泛选修课程来开阔知识与眼界，并有更多的机会发掘自己的兴趣与潜能，因此学生在选择主攻方向时有充分的时间做出较为理性的决定。另外，学生选择专业还可广泛咨询授课教师、宿舍导师和教辅人员，通过自己大量选修课程和教师的专业性建议，学生自然很容易找到适合自己的专业。注重因材施教的教学制度体系，如浙江大学的导师制将一年级和高年级学生区别安排，以便在指导上有所侧重。一年级新生处于从高中向大学过渡的时期，面临着尽快适应和融入大学学习生活的挑战。为了加强对新生的关怀和引导，浙江大学设立了新生导师委员会，由教师团成员、行政管理人员、研究生和高年级本科生组成。实行探究参与的教学组织形式，它是一种教师引导与学生参与相结合、理论密切联系实际的教学形式。它大力提倡“体验式”教学方式，引导学生在逼真的模拟情景中感悟与从事管理实践。

创新创业教育理念是尊重和发扬学生的个性特征，个性教育模式以个性化理论为理论基础，依据不同学生有不同的特性，从他们的特性出发设置教育教学的内容、方式和机制，充分发扬学生的个性特征和潜在能力，引领学生增强创新意识，为学生的全面、综合发展提供条件，突破传统教育模式，防止教育僵化，为 21 世纪栽培更多、更优秀的社会所需人才。

（三）全面发展教育模式

全面发展教育理念是如今我国教育改革的主要方向，全面发展教育模式正是这一理念的体现，主要有以下两方面的内容：一是要把脑力与体力结合起来，也就是以往教育中所提到的德智体美劳全面发展；二是充分激发个人才能的发挥，促进才能与品质的协调发展。21 世纪对人才的能力、个人品质的要求更高，只有全方面综合发展的个人才能符合 21 世纪对人才的要求。在个性化教育理念的指导下，对青少年学生的教学不仅要考虑他们之间的差异性，还要考虑同一年龄阶段学生的相似性，促进青少年学生的全面综合发展。

传统教育理念容易忽略学生个体的发展，教师往往从自身的角度出发考虑，没有根据学生的特性为他们制定合适的教学模式，这种机械化的教学方式带来的后果必然是阻碍学生潜在能力的发扬。全面发展教育模式对学校和教师提出新要求，要求他们从学生的实际情况考虑，尊重学生自身发展规律，通过改进教学手段为青少年学生的全面发展奠定基础，创造良好的氛围，让他们在学习书本知识的同时，接收社会的实践锻炼，在实践中不断将书本知识转化为自己独有的思考方式，从而实现学以致用的目的，促进学生的全面综合发展，既掌握书本知识，又能接受社会的磨练，成为 21 世纪所需要的综合型人才。从这个角度看，个性教育模式与全面发展教育模式是相通的，后者要求更深远一点，将这两种教育模式联系起来，在帮助学生个性发扬的同时，促进学生的全面发展。

创新创业教育的核心思想是在实现受教育者长期发展的基础上，促进他们的个性的综合发展，不只是实现德智体美劳的全面发展，更是要根据学生自身的特性，帮助他们实现自身的个性化发展，获得属于自己的发展道路。具体来说，其一，不仅要注重受教育者创新意识的培养，还要照顾到他们在实际学习工作和生活中的实际需求；其二，在传播知识文化的时候，不要用传统的思想禁锢学生个性的发展，鼓励学生个性的发扬；其三，在支持学生发扬个性的同时，要避免他们养成强烈的个人主义；其四，对于每位教师和学生的特性都给予关注，重视他们创新精神的形成。例如，中国人民大学便是全面发展教育模式的典型代表。中国人民大学的课程主要由基础类课程和专业类课程组成，具体包括基础必修课程模块、专业必选课程模块、自选深化课程模块、补充学习模块和实验实习课程模块，主要着眼于学科的基础知识和基本能力培养，为学生打下深厚的专业基础功底。在课程内容上，中国人民大学非常注重跨学科课程建设，如为医学工程专业专门设计了一门综合课程，融合了与工程科学相关的物理、化学、数学、生物、电子、信息学、医学、体育各个系科的内容，这一综合课程为全国首创。中国人民大学的教学管理模式以推动学研产紧密结合，以科研促进教学为主旨。中国人民大学非常重视研究与教学相结合，强调教学科研人员要以最高水准从事研究工作，学生一入学就开始进入以教学研究、产业应用为链条的培养体系。为了紧随科研和产业发展的趋势，各研究所在教学管理上拥有极大的教学自主权，可好地推动了学生的全面发展。

总的来说，创新创业教育的模式和理念以坚实的理论为基础，是对 21 世纪时代特征的反应，指引着我国教育领域的改革与进步。

二、国外高校创新创业教育典型模式

（一）聚焦模式

聚焦模式是典型的大学生创业教育模式，这一模式最先出现在哈佛大学，它把创业教育的范围设定在商学院或管理学院内，即开展创业教育的全部细节都交给商学院或管理学院承担，并且开设整体健全的专业课程。教学对象是从商学院、管理学院的学生中严格挑选出来的。因此，接受聚焦模式教育的学生，其创业成功的可能性很大。此外，针对创业管理建立完整的资料和案例库，为研究者提供良好的环境，这也是哈佛商学院的优势所在。[①]

聚焦模式的代表学院便是哈佛大学商学院。哈佛大学商学院给予“创业精神”一种全新的界定：创业就是自己给自己创造机会，自己给自己带来资源，

① 房国忠、刘宏妍：《美国大学生创业教育模式及其启示》，《外国教育研究》2006 年第 33 卷 12 期。

不仅是创造财富的行为，更是一种创造新生事物的行为。所以，从哈佛大学商学院毕业的大部分学生都会选择创业。哈佛大学商学院创新创业教育大获成功还得益于它的三大教育准则：第一，创业需要团队协作，个人是团队一分子，盲目的个人主义是不被允许的，必须重视团队间的合作；第二，每一位学生都有创业的潜力，创新创业教育最终目标便是让每一位学生都具备自主创业的意识和能力；第三，创业是一件光荣的事情，不只是因为它可能带来的光辉，更因为在创业途中创业者所需要克服的困难和付出的汗水。

哈佛大学商学院 MBA 项目被美国小企业协会和创业协会评为“2004 年度全国创业项目模型”，可见哈佛商学院的创新创业教育十分成功。美国大部分成功的创业者都曾在哈佛大学商学院求学，它的成功离不开半个多世纪的教学经验：第一，教育过程健全，完善的创新创业教育系统能够培养出综合创业能力强的学生；第二，创新创业教育教师资源丰富，哈佛大学商学院有 60 多位知名的创新创业教师，理论与实践课程的教师资源都十分丰富；第三，创业项目覆盖范围广泛，哈佛大学商学院的创业实训项目丰富多样，在学生入学的第一年便开始让他们接触创业实践，多达 20 多种的实践课程可提供学生挑选学习。

阿瑟·洛克在 2003 年的时候向哈佛大学商学院捐献 2 500 万美元成立了“阿瑟·洛克创业中心”，这一中心的建成标志着哈佛大学创新创业教育进入了新的里程。在最近几年，哈佛大学商学院与欧洲创业研究基金会的合作不断增加，还和欧洲创业组织一起建成创业教育培训机构，为 25 个欧洲国家的创新创业教师提供培训。

（二）磁石模式

磁石模式不仅为学校商学院的学生提供创新创业教育，还给予商学院以外的学生创业教育，并相信不管是否是商学院学生都可以在创业中获得成功，因此，磁石模式为所有专业学生提供创新创业教育。目前，面向全校学生开展的创新创业教育采用的都是磁石模式，这些创业教育活动大多仍由商学院管理中心举办，但全校学生都可以参加。磁石模式被划分为单一磁石模式和多重磁石模式。单一磁石模式的典型代表是麻省理工学院，仅有一个创业教育管理中心；多重磁石模式的典型代表则是斯坦福大学，拥有多个创业教育管理中心。

麻省理工学院的创新创业教育采用的单一磁石模式，该校的创新创业教学最早可以追溯到 1916 年，可以说它是美国早期开展创新创业教育的学校之一。麻省理工学院内有着浓厚的创新创业气氛。麻省理工学院的创业教育管理中心为该校学生提供了五种创新创业课程：第一，入门级创业课程：第二，专业性强的创业课程；第三，专业技术方面的创业课程；第四，实践性的创业课程；第五，个性化的创业课程。学生可以根据自己的兴趣爱好选择不同的创业课程，并且不同学院的学生可以坐在一起和教师相互交流想法，从不同的专业角度出发探讨创业想法，相互交流彼此的观点，这种教学方式对活跃学生创新思维十分有益。麻省理工学院采取多种多样的创新创业教学手段，还邀请成功校友为学生分享他们的经验和体会，这也是麻省理工学院创业教育管理中心的特点所在——注重经验的传递。

除了正式的创业教育管理中心，麻省理工学院还有不少其他自发的创业组织，由创业教育管理中心对这些组织进行统一的指导。因此，麻省理工学院形成了数十个项目组织和创业教育管理中心共同在校园内培养创业精神的“创业生态系统”，提供创业指导教师，对学生的创业活动进行指导。

斯坦福大学的创新创业教育采用的是多重磁石模式，该校的创新创业教看始于硅谷创业浪潮迸发时期，并在多年的发展中不断进步。斯坦福大学商学院在 1996 年正式创建创业教育管理中心，为后续创业研究管理中心的建成提供了借鉴。在此之后，斯坦福大学工程学院和法学院的创业教育管理中心也陆续创建成功。截至目前，斯坦福大学拥有三个创业教育管理中心为全校学生提供创新创业教育。斯坦福大学对创业教育的含义进行了自己独有的界定，它认为创业教育包含两层含义，一是通过创业教育将创业者的创业经验、创业知识和创业技能，以及他们对创业的理解传递给学生；二是通过对学生进行创业教育，将创业精神内化为学生的精神气质，使创业成为学生的一种生活方式和思维方式[①]。

就目前来看，斯坦福大学的创新创业课程不断健全，斯坦福大学商学院的创业教育管理中心已经开设了 21 门创新创业教学课程，不只 MBA 学生可以接受这些课程教学，全校学生都可以到这些课堂上进行学习。斯坦福大学工程学院的技术创业管理中心的教学目标是推动高技术创业教育，培养未来工程师和科学家的创业技能。斯坦福大学工程学院的创业教学针对性更强，更好地做到了因材施教，为本科生、研究生和博士生设置了不同层次的创新创业教学课程。此外，斯坦福大学医学院、法学院和教育学院等学院也相继设立了创新创业方面的教学课程。

---

①　熊华军、岳芩：《斯坦福大学创业教育的内涵及启示》，《比较教育研究》2011 年第 33 卷第 11 期。

斯坦福大学创业创新教育课程有十分显著的特色：理论与实践紧密结合，学院与业界良性互动。邀请成功的创业者或企业家到学校开展讲座，让他们用自己的亲身经历为学生讲授创业的技巧，让学生与他们进行面对面的交流沟通，还可以邀请创业成功的校友回校与学生交谈。除了让学生在学校接受课堂知识和听讲座外，还组织他们参与创业实践活动。创业教育管理中心举办了丰富多样的创业实践活动，如商业策划书大赛，鼓励学生积极参与进来，并且大多数这些创业实践活动都是由学生自主举办的，这也是他们获得实践锻炼的机会。

（三）辐射模式

辐射模式指学校给予全校学生创新创业教育，并且支持不同学院和教师、学生都主动参与到创新创业教育中。辐射模式突出了不同学院教师的参与，这也是辐射模式与磁石模式之间本质的区别。[①] 该模式在学校创建创业教育管理中心，引导学生开展创业活动，从整体上规划学院创新创业活动的实施。辐射模式的出发点是根据不同学生的不同特性实施创新创业教育，并且分享不同学院之间的创业教学资源。

康奈尔大学是一所快速发展的公立大学，它十分看重公平原则，它认为每一位掌握了创业技能和相关知识的学生能对任何工作环境产生重大价值。康奈尔大学的创业教育管理中心由实施创业教育的各个学院院长构成，并且由管理中心主任对全校的创新创业活动进行统一的指导，管理中心领导任期为两年。该校的创新创业教育将创业理论课程与实践课程紧紧地联系在一起，不同学院和专业的学生都可根据自身的条件选择不同的课程进行学习。因此，优秀丰富的教师资源必不可少，为了吸引和栽培更多、更优秀的教师为创业教育贡献力量，康奈尔大学每年都会拿出一部分专项资金对为创新创业教育事业做出杰出贡献的教师进行奖励，并且与优秀校友一直维持良好的关系。

康奈尔大学的创业教育采用辐射模式，从学生的角度说，为学生提供实践性更强的创业教育，将理论知识与实践充分结合起来；从教师的角度说，让不同专业的师生相互沟通，在交流中不断提升思维能力；从学校的角度说，让不同学院培养出来的学生能更具有竞争性。但是，我们也要意识到辐射模式在使用和管理过程中依然有着协调课程设置、教师资源稀缺等不足之处，并且协调是辐射模式最大的困难。康奈尔大学共有 9 个学院加入创新创业教育中，每个学院根据自己的专业特征为学生开设了不同的创业课程，协调不同学院之间的

---

① 梅伟惠：《美国高校创业教育模式研究》《比较教育研究》2008 年第 5 期，第 52–56 页。

课程便是一项极具挑战的任务，一旦协调不好便会导致整个创新创业教育的混乱和失调。此外，辐射模式的实质要求不同学院的教师能融会贯通不同的创业课程，因此怎样培训创业教育课程教师，激发其他教师主动参与到创新创业教育的队伍中是目前采用辐射模式开展创业教育的高校需要考虑的问题。

（四）混合模式

混合模式指在一所高校中，创业教育的对象一部分面向商学院、工程学院的学生，但另一部分的教育对象是全校学生，这是专业教育和普及教育的结合。如今，创业不再只是商学院的专利，不少其他学院的学生也纷纷走上创业的道路。他们学习计算机、化学等专业，在这些行业进行创业将大有所为，所以采取混合模式进行创新创业教育的高校愈发增多。如今，高校学生愈发热衷于自主创业。在密歇根大学中，不少学生在还未进入大学之前就着手寻求创业的时机。因此，目前高校创业教育所需要解决的是怎样引导和支持学生的创业热情。

密歇根大学大力支持学生的创业计划，为学生的创业行为提供支持。密歇根大学已经建成一系列支持学生创业行为的项目，包括 100 多种不同专业的创业课程、创业孵化器、商业策划书大赛等，在校园中营造良好的鼓励创业、不怕失败的创业创新氛围。密歇根大学不仅在商学院和工程学院创建创业教育管理中心，还在全校范围带领学生组织 Mpowerd，目的在于宣传创业精神。因此，密歇根大学既为商学院、工程学院的学生提供专业的创业教育，还鼓励其他学院的学生参与到创业教育的课堂中。此外，密歇根大学还为学生专门创建了企业加速器 TechArb，目的在于帮助学生在创业初期取得进展，为创业初期的企业提供支持，让初期创业者迅速成长起来。团队合作是创新必不可少的因素，在 21 世纪个人主义显然已不受用。就拿科学家做实验来说，只有团队合作才能研究出新的东西，各个领域的进步包括创业同样如此，密歇根大学和本州的另外两所大学——密歇根州立大学及韦恩州立大学结成了长期的伙伴关系，并将它们之间的合作命名为“大学研究走廊”。这个组织的目标在于推动密歇根州经济的进步、多样性和长期发展，为学校学生的创业行为提供更多的机会，这也是推动当地经济增长的重要途径。密歇根大学还建立了专门的科研综合楼，使其成为学生创业行为的孵化器，努力与校外的优秀企业达成长期伙伴关系，为学生的创业教育提供更多的实践机会。

第二节 高校“五位一体”创新创业教育模式构建

现有创新创业教育模式研究文献大部分是从创新创业教育过程的某些要素出发进行模式构建，这些要素包括创新创业教育的政策环境、硬件设施、平台建设、课程体系、师资队伍等；有些则通过国内外比较研究，借鉴国外开展创新创业教育的先进经验，揭示其对我国创新创业教育的借鉴和启迪。从研究的角度看，目前相关研究大致分为以下几类：一是“以生为本”，研究如何通过改革人才培养模式，培养学生的创新创业意识和创新实践能力，以适应未来不同岗位的社会需求；二是“以师为本”，研究如何加强创业教育师资队伍建设，特别是“双师型”教师队伍建设，对策往往是引进专业师资或聘请企业家担任创业教育的兼职教师等；三是“创业实践”，研究校内外创业教育实践基地、团学组织开展的创业计划大赛、创意设计作品竞赛等创新创业类赛事、创业论坛、企业家报告会等活动对创新创业教育的影响；四是“产学研合作”，研究创新创业教育的校外实践平台，创业项目孵化机制，校企共建联合培养等。

总体而言，上述创新创业教育模式都是教育者根据社会发展需求，主要从自身角度出发，带有主观性的创新创业教育模式，有些是结合高校开展创新创业教育的实践总结形成的案例，针对高校创新创业教育模式的研究和实践探索并不多见。学生和教师是高校的主体，社团活动是高校开展的教学实践活动，创新创业教育中的产学研合作也多半由高校发起。虽然在人才培养过程中，高校掌握着主动权，应该充分发挥自己的主观能动性，但毫无疑问，高校人才培养的目标是为社会培养专门的工程技术应用型创新人才，任何教育模式的建立，忽略这一培养目标，都不够完善，甚至说是有严重缺失的。

基于此，本书结合高校学生的特点，探索融“政、产、学、研、金、介”系统为一体的创新创业教育模式，将政府、高校、企业、创业园区和金融中介机构共同作为创新创业教育的支持要素，共同促进高校创新创业教育的发展。

一、高校创新创业教育模式要素

（一）高校创新创业教育政策方

政策方，即为大学生创业提供各种政策支持和服务的教育、科技、人力资源、社会保障、税收部门等政府机构。政府主要发挥宏观调控职能、信息职能、协调促进职能，协调促进本地区政、产、学、研各方的合作，为企业技术创新提供具有导向功能且相对稳定的政策环境。因此，大学生创业企业要加强与政府部门的信息交流与沟通，有效利用政府部门在产业政策、行业规范、信贷融资、知识产权保护和创新人才激励等方面的政策资源，推进企业的技术创新和市场拓展。

（二）高校创新创业教育学校方

目前，我国创新创业教育主要依托高校开展。学校的硬件设施、课程体系、师资队伍、实践平台等都是开展创新创业教育的关键环节，学校也是联系政府、企业、社会服务机构共同促进创新创业教育开展的主要策源地。

高校是创造和传播新知识、新技术的重要源泉，能为中小企业输送各类专业人才，也能为补充企业创新能力的不足而开展合作创新。大学生创业企业大多不具备建立自身研发部门的条件，他们可以借助高校和科研院所的科研项目和科研人员开展创新合作，让企业获得人力、物资、技术等方面的资源，有效解决自身创新能力不足的问题。高校通过对企业创新需求和人才需求信息的捕捉，可以及时调整研究方向和教学内容，改革人才培养模式，主动适应市场需求。

（三）高校创新创业教育平台方

在平台建设方面，除了建立校内的学生实训实践平台，高校更应该拓展校外实践平台，实行校企联合培养创新人才。企业是学校开展创新创业教育所依托的主要实践平台，高校有着与企业联系的天然的优势资源。早在 2007 年，合肥工业大学就开办了机电教改实验班（现称“卓越班”）。该实验班实行科教融合、优才优育和个性化培养模式。在逐步改进培养方案的同时，不断完善选拔与退出机制、大类培养机制、“创新不断线”培养机制、教学科研资源融合机制以及导师制和班主任制。此外，学校还与中国科学院合肥物质科学研究院共同实施了本硕博连读培养模式，从新生中遴选优秀的学生，组成“英才班”，实行双导师联合培养。

学生创业教育平台还包括创业项目承接地，如创业孵化器、加速器和开发园区等，这些平台为大学生创业提供场地、创业咨询、融资服务和相关优惠政策服务。大学生创业项目的实施往往会先借助校内的创业孵化基地，在教师的指导下完成初期运作，项目发展到一定阶段再由学校进入地方政府设立的孵化器和加速器。合肥工业大学的大学生科技创业服务中心多年来一直采取这种模式，一大批学生创业项目在省级或国家级比赛中获奖，有的成功走上市场运营，如丁根芳创立的“无忧工程网”、陈理创建的“波波传媒”等项目均成功走向市场，目前都是具有一定规模的创业企业。

（四）高校创新创业教育中介方

中介方主要包括金融机构和社会中介机构。

支持创新创业教育和大学生自主创业的资金来自多种渠道。在西方发达国家，这类资金主要来自政府和校友企业捐助。我国目前创业教育的资金主要来自政府、金融机构和学校。依据创新创业教育对象的不同，资金的用途也有差别。

大学生在创业过程中往往缺乏资金支持，此时金融机构和风险投资机构可以为大学生创业提供基准利率小额贷款、贷款风险担保等服务。金融机构主要针对大学生创业企业在技术创新过程中普遍存在的融资难问题，为大学生创业企业提供风险资金和融资借贷等金融服务。当前，国家和地方政府为扶持大学生创业企业制定了相应的政策和措施，但由于大学生创业企业自身的劣势，金融机构提高了门槛，政策难以落实。在杭州、武汉等地，政府为大学生建立了种子基金、债权基金、“风险池”基金等一系列资助项目，帮助他们筹集资金，解决创业资金难的瓶颈。

创新创业教育中介组织包括人力资源服务机构、信息咨询机构、会计师事务所、法律事务所以及为企业技术创新提供智力服务的科技中介服务机构等。大学生在创业过程中遇到的信息缺乏、创新能力不足等困难可以通过与各类社会中介服务机构合作得到一定程度的克服。人力资源服务机构可为中小企业提供人才再培训和教育指导服务；信息咨询机构可为中小企业提供社会、行业、市场等全面的信息咨询服务；会计事务所、法律事务所可为中小企业提供专业的财务分析、法律顾问等服务；科技中介服务机构是配合高等院校、科研院所建立的区域性、专业性技术服务中心，能为企业技术创新提供智力服务。这一系列的服务有针对性地解决了中小企业在创新创业过程中存在的融资难、人才缺、信息少、管理散等问题，从而有利于降低成本、规避风险、提高效率。

（五）高校创新创业教育主体方

创新创业教育的主体对象是在校大学生。创新创业教育所涉及的各要素协同作用的最终结果是促进高校创新创业教育的深化发展，促进大学生创业项目成果的转化和创业企业的市场运营。教育主体要善于借助高校、科研院所、创业园区、金融机构和其他中介服务机构对企业协同创新能力的支撑作用，同时不能忽略政府在宏观调控、财政投入和政策支持等方面对初创型企业协同创新的影响。

具体而言，一是要紧紧依托高校、科研院所、孵化器、创业园区的知识和科研项目与孵化平台，开展创新创业知识学习和能力训练，促进创业项目孵化落地；二是要努力争取金融机构、中介服务机构的资金和信息资源等优势；三是要善于借助政府对创业企业的政策支持，加强与政府部门的信息交流与沟通，有效利用政府部门在产业政策、行业规范、信贷融资、知识产权保护和创新人才激励等方面的政策资源，推进创业项目更好、更快地实现发展目标（图 8-1）。

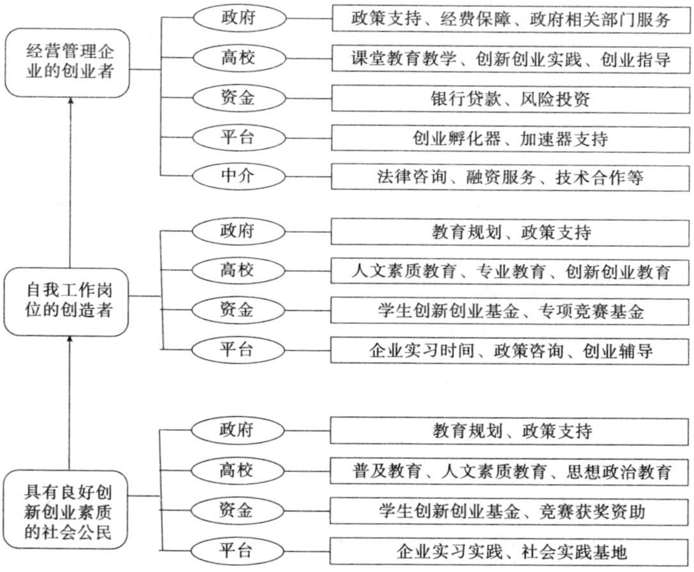

图 8-1　大学生创新创业教育分层结构及要素功能

二、高校“五位一体”创新创业教育模式结构

（一）“五位一体”创新创业教育框架模型

基于上述对高校学生的特点和未来社会对学生的需求分析，本书整合迄今为止创业教育培养模式构建的有益要素，构建了以高校大学生为主体，包括政府机构、高校和科研院所、金融机构、中介机构、创业园区在内的“五位一体”的创新创业教育模式。本书认为，创新创业教育的开展是一个政府、高校和全社会共同参与的系统性工程，只有政府积极扶持，高校全力推进，社会大力支持，

共同努力，才能为创业教育创造良好的条件和环境。除了模式创建的出发点不同，这一模式与以往从以高校为主体的单因素角度或者以“产学研”三方主体要素进行创业教育模式的创建有所不同（图 8-2）。

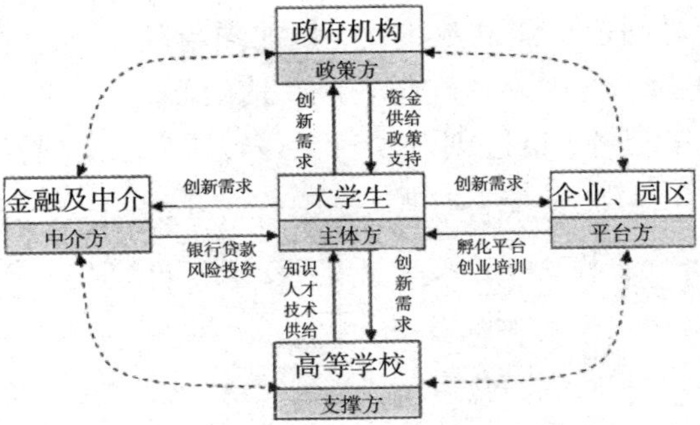

图 8-2　高校创新创业教育”五位一体”协同创新模式

（二）“五位一体”创新创业教育协同实施

“五位一体”的创新创业教育体系是一个各方联动、共同作用的体系。在实施过程中，我们要建立多方联动机制，整合各方资源，拓展活动平台，保证体系的顺利实施。

1. 设立联席会议，研究创新创业教育实施情况

创新创业型人才的培养逐渐成为高等教育人才培养的重要目标，促进大学生自主创业和以创业带动就业政策已上升为建设创新型国家的战略高度。因此，创新创业教育更应该侧重大学生创新创业意识和技能的培养，而不应将这些大学生创业实体作为高校的“标志性”成果。邀请成功的企业家分享创业经验和智慧，使其创业精神和人格魅力对在校大学生起到教育和带动作用，为大学生创业团队提供借鉴经验，同时可以设立联席会议，使大学生了解并认可企业的理念，增强学生对企业品牌的认同感，从而挑选、吸纳优秀创新创业人才为企业的长远发展提供人才支撑。

2. 整合各方资源，建立创新创业教育导师队伍

创业教育是一项系统性很强的工作，应当整合各方面资源，构建教育整体团队。这方面应该借鉴国外高校的先进经验，建立一支专兼职结合的“双师型”师资队伍。一是立足本校，通过选派师资到企业兼职、到国内外知名高校学习交流等形式，培养国际化的专业师资；二是外部引进，对引进的新教师要求其具有企业工作或兼职经历，同时聘请校外创业经验丰富且具有教学经历、责任

心强的企业家和创业者担任专职教师，以完善运行机制，保证教学效果。

3. 加强校企共建，拓宽创新创业教育实践载体

高校在开展创新创业教育过程中，很重要的一部分就是获得企业对实践环节的支持。创新创业教育的实践除高校自身建立的校内创新实践基地以外，更应该借助企业平台的力量。高校要积极探索校企联合培养学生的体制机制，面向企业、社会对高等人才的需求，与企业联合培养。借助企业资源，高校还可以开展本科生参与科研计划，即大学生创新创业训练项目预研计划，企业提供预研项目并给予经费支持，依托高校科研力量推动大学生创业团队向创业企业实体落地。

4. 拓展活动平台，营造创新创业教育社会氛围

创新创业氛围的营造离不开全社会的共同参与。“五位一体”的创新创业教育体系的有效实施也需要以开展活动为载体，多方带动，通过凝聚各方力量，搭建为大学生创业企业成长服务的有效平台，促进大学生创业企业技术创新，加速科技成果向产业成果转化的步伐。

三、高校“五位一体”创新创业教育运行机制

机制一词来源于希腊文，目前已被广泛应用于社会科学研究的各个领域。教育学领域提出了对教育机制的认识，而创新创业教育的机制主要从功能的角度考察，指创新创业教育现象各部分的相互关系及其运行方式。本书重点研究创新创业教育的导向机制、管理机制、服务机制、激励机制、保障机制。

（一）“五位一体”创新创业教育导向机制

高校创新创业教育的实施受到社会和校园环境的影响。本书主要从创业文化和教育观念方面论述创业的软环境对创业教育的导向作用。

中国传统文化博大精深、源远流长，深刻影响着人们的价值取向和社会心理。例如，“学而优则仕”“读书为做官”，寒窗苦读十几年就是为了找一份有社会地位、工作条件优越的工作等价值观念已经深入人们的意识形态中，对大学生的择业观念产生导向性。尽管目前我国政府和高校都积极鼓励大学生创新创业，但总体上还没有形成全社会支持创新创业、包容创业失败的社会文化氛围，大学生创业的比例还相当低。因此，我们要更新教育观念，营造全社会良好的创新创业文化氛围，切实发挥社会支持、理解大学生创业的导向作用。

一是要更新教育者和受教育者的教育观念。首先，要强调创新创业教育重在构建创新创业所需的知识结构，培养学生创新创业意识和能力，完善学生综

合素质，而不是简单地倡导大学生创办自己的企业。其次，要深刻理解创新创业教育与素质教育的关系，二者是一脉相承的，要把创新创业教育融入人才培养的全过程。最后，要使大学生克服毕业后找到一份安逸工作的传统就业观念，树立自己不仅是求职择业者，还是创造社会岗位的创业者的观念，鼓励学生创造性地投身于各种创新创业实践活动中去，为将来创造性地开展工作奠定基础。

二是要培育创新创业文化氛围。学校要定期开展有关创新创业活动和竞赛，开展创业教育经验交流活动、讲座，如举办“创业沙龙”“创业论坛”“创业校友报告会”等，加强对创新创业教育成果的展示和宣传，形成浓厚的创业教育校园文化氛围。学校要设立学生创新创业基金，建立一批校内和校外创业实践基地，设立校级孵化中心或创业园，为学生创业活动提供必备条件，引导创新创业活动向长期化、社会化、实战化发展。同时，创新创业文化要体现人文关怀，鼓励竞争，宽容失败。

（二）“五位一体”创新创业教育管理机制

首先，学校要成立专门机构来统筹协调创新创业教育的顶层设计、方案实施及资源整合等。成立创新创业教育领导小组，校领导亲自牵头负责，各有关部门分工负责、紧密配合，共同推进创新创业教育工作开展。其次，要发挥专家教授和专业教师的引领作用，积极推进创新创业教育课程改革，设计科学合理的创新创业教育课程体系和校内外创新创业实践平台。最后，要建立创新创业教育的监控和反馈机制，加强督导评估，不断改进教育培养方式，保证创新创业教育有序、健康发展。

（三）“五位一体”创新创业教育服务机制

政府、学校、社会应围绕创新创业教育提供必要的支持和服务。从政府和社会的角度来看，既要建立健全支持大学生创新创业的政策体系和法律法规体系，又要建立相应的为大学生接受创新创业教育、开展创业实践的政策和服务体系。从学校教育的角度来看，要积极携手社会各界开展共建活动，深入挖掘社会教育资源，形成联动机制，共同促进创新创业教育的开展。学校通过挖掘各种社会资源，不断拓展创业渠道，带领学生走出校园，联合企业、社会开展有针对性、实效性的创新创业教育。

（四）“五位一体”创新创业教育激励机制

美国学者威廉·詹姆斯通过研究发现，在一般状态下，一个组织的员工潜力只能发挥到 20% ～ 30%；如果能够得到充分激励，员工的潜能可以发挥出

80%～90%。创新创业教育的激励机制包括对学生和教师两个主体的共同激励，学生是受教育的主体，充分调动大学生接受创新创业教育、参与创新创业活动的积极性和主动性，充分挖掘学生的创新创业潜能，鼓励创新创造，支持创新创业。加强对学生的教育引导，让学生了解自身未来发展方向，明确自身发展目标。从学校层面，应该对大学生创新创业竞赛和活动给予积极支持，学生在创新创业及学科竞赛中获奖，应该得到相应的精神和物质鼓励，学生创业项目应该有专门的场地供学生经营孵化，并提供专项基金，配备专业教师指导。对高校教师采取一些促进其职业成长的激励措施，改革绩效分配制度，在教师年度业绩考核中要考虑教师指导学科竞赛或学生创业项目相应的工作量，激发教师参与创新创业教育、指导学生创业活动的热情。

（五）“五位一体”创新创业教育保障机制

针对高校大学生开展的创新创业教育，应当建立起以政府为主导、以高校为重点、社会广泛参与、家庭全力配合的创业教育保障机制。一是政府通过出台相关政策和完善服务为创新创业教育提供强有力的保障。为了给大学生创新创业提供条件、拓展空间，政府应完善创新创业教育的法律保障，在减免规费、简化手续、服务保障、政策优惠、行政指导等方面出台相应的保障措施，为高校毕业生提供创业小额贷款和担保。二是社会舆论支持。当前，实施创新创业教育的高校发展不平衡，有的已经实施多年建立了相对完善的教育体系，有的还是刚刚起步，甚至有的地方悄无声息。实施创业教育的高校“孤军奋进”，力不从心，实施主体主要在高校内部，社会各界的支持和认识还很有限，因此要通过各种大众传播媒体，向全社会广泛宣传创新创业教育，逐步形成以政府为主导、以高校为主体、全社会关注与支持的创业教育新格局。三是高校通过人才培养模式改革深入推进创业教育。从人才培养的目标质量标准来看，高效要把创新创业教育纳入人才培养的全过程，深化创新创业教育课程改革，培养专业的师资队伍，强化实践教学，通过开展创业模拟训练、举办创业大赛、推介创业成功的案例等形式，分类指导，提高学生的创新创业实践能力。要加强创业教育研究，加强创新创业教育专业学科建设，有条件的可以设立创新创业教育方向的硕士点或博士点，促进创新创业教育学科建设和人才培养。此外，家庭背景也会直接或间接影响学生的创业素质和创造性的人格。因此，要积极争取家庭对学生创业的配合和支持，使具有创业意愿和创业条件的大学生能满怀热情和信心开创自己的事业，迎接人生的挑战。

第三节　构建具有普遍实施意义的创新创业教育模式的策略

一、确立创新创业教育的目标

（一）一般目标

培养高素质创新型人才是高校创新创业教育的一般目标。创新创业教育的核心问题是“培养什么样的人才”。创新创业的教学理念虽然新颖，但是本质上与传统教育的性质是一样的，和高校人才培养工作的方向是一致的，它与高校的教育全局规划目标相一致。众所周知，高校创新创业教育是21世纪教育领域改革的新要求。同时，我们应当注意到不同类型高校的创新创业教育目标有一定的差异性。对综合性和文科类高校来讲，它们一方面注重学生创新创业意识和能力的增强，另一方面注重学生知识结构的完善以及综合素质的提升，目的在于帮助学生奠定牢固的理论知识基础，为学生开阔眼界。对理工类高校来讲，由于专业性质，其创新创业教育的目标更注重培养学生的实践操作能力，提高他们的创业能力。但总的来说，不管什么类型的学校，它们进行创新创业教育的一般化目标都是为了培养学生的创新意识，激发他们的创新创业潜在能力，为现代社会培养具有开拓创新精神、科技创新能力的新型高素质人才。

（二）个性化目标

高校创新创业教育的目标是要培养学生的开拓创新精神，提高他们的创业能力，这不完全是为了让学生去创办公司，学生具有一定的创新创业能力对他们今后的职业生涯也大有裨益。所以，本书按照高校创新创业教育的不同受教育学生，把高校创新创业教育划分为三个个性化目标层次。

第一层次的目标是为未来社会输送具有良好创新创业素质的新型人才。这一层次的创新创业教育目标是针对所有高校学生而言的，普遍适用性比较强，秉持的准则是为每一位学生提供创新创业教育，这是最基础也是最核心的个性化目标，要求将创新创业教育理念和学校的日常教育、其他专业教学相互联系起来，贯穿于高校学生的整个教育系统当中，为未来社会人才所需的知识结构、才能和心理素质奠定坚实的基础。

第二层次的目标是培养自我工作岗位的创造者。这一层次个性化目标的重点在于针对不同专业的学生进行不同的创新创业教育，为了实现这一层次的目标，应当根据受教育对象的不同专业以及特性开展专业知识讲授、创新创业能力培养，使学生在毕业之后能够根据自己的专业特长，在竞争激烈的就业市场中找到属于自己独有的岗位，并及时抓住创业时机，开辟自己的创业道路，自己为自己创造工作职位。

第三层次的目标是使个体成为经营管理企业的创业者。这一层次个性化目标针对的对象是已经有创业想法的高校学生。通常来说，这部分学生的开拓创新思想、领导才能较为突出。虽然并不能将所有参与创新创业教育实践的学生都培养为企业家，但是应当慧眼识珠，选择那些创新精神强、领导才能突出、有创业计划的学生，专门为他们提供创新创业指导，支持他们加入创新活动，积极参与经营创业项目，逐渐步入创业的道路，逐渐积累创业经验。

二、加强创新创业教育的过程

（一）创新创业教育课程设置

创新创业教育课程主要是由下面两点构成。首先，从课程安排的角度上来说，应当将创新创业教育课程定为学生的专业必修课，并计入学分，增强学生对创新创业课程的学习力度。此外，学校还应当成立专门管理创新创业教育的机构，如创新创业教育管理中心，聘请专职的教师和工作人员。学校应当积极与校外的企业建立合作伙伴关系，为本校学生积极争取能够参与的创新创业项目，让学生在实践中学会如何进行创业项目挑选、创业资金融资、企业经营管理等实际的创业能力，让学生在实践中学习创业知识。其次，在创新创业教学课程的安排上，创新创业教育应当和学生的专业教学相互联系起来，尊重学生的主体性地位，以学生的真实需求为导向为他们传授知识，尽最大努力将学生的需求、专业课教学与创新创业教育课程相互结合起来，鼓励学生发挥自己的主观能动性，不断开拓创新，在课程学习中勇于创新，敢于提出不一样的想法，在夯实理论知识基础的同时积极参与实践活动，从而构建起整体性的创新创业知识能力结构。

创新创业教育课程不仅需要考虑学生的特性以及专业课与实践课的结合，还需要注意下面几点问题。

第一，创新创业教育课程要注重创新创业活动的特性。由于创新创业活动的特殊性，因此在教学中应当处理好如何把一些关键的内容融合进来。在开设创新创业类课程的时候，对创业活动特性的掌握十分重要，教师要注意把关键的内容融会贯通。譬如，在初期的教学中，应当为学生讲授一些关于创新创业总体性论述的课程，让学生从整体上对创新创业有一个了解；然后设置一些人际交往、语言表述类的实用性课程，为创新创业实践活动的开展奠定基础；再开设一些创新创业实践课程，即让学生在实践中感受创新创业，了解创业的流程。

第二，创新创业教育课程的建设要关注创业者的特性。创业者是创新创业活动的主导者，不仅需要有较强的创新、领导、经营管理能力，还需要具备很多其他的特性。因此，教师在讲授创新创业课程的时候，一定要注意将这些创业者所必需的品行吸纳到课程中来。譬如，在初期的课程教学中，要强调对学生创新意识的提升，然后注意提升学生创新创业的能力，并且要注意维护创业者的个性，尊重他们的自主性，始终强调创业者要有良好的思想道德品质。

第三，创新创业教育课程要与创业时间节点相联系。创新创业活动的进展有它特定的时间顺序，因此创新创业课程的设置也应当严格遵循这个时间顺序。譬如，先进行把握商机的课程教学，然后进行创建企业早期准备的课程教学，以及创业团队组织的教学等课程，这些都是根据创业流程的顺序制定的课程。同时，应当注重在创新创业理论课程中融入创业实践实训课程，但是不能忽视创新创业理论知识完整结构的建立。

（二）创新创业实训项目

不少学者都认为，创新创业教育应当走产学研相互联系的教学道路，高校创新创业教育基地正是实践的平台，不只是把创新和创业的理论知识相互联系起来，更是强调专业知识与实践知识的结合，实现集教学、科研、实践和孵化于一身。目前来看，高校开展的创新创业实训项目主要有以下几种类型。

第一，校园创新创业孵化园项目。以南京财经大学为例，该校不仅举办和创新创业教育紧密联系的实践活动，如校园纪念品销售、模拟面试、商业策划比赛，还在重视实践的原则下，大力支持有创业想法的学生进行创业。此外，与校外的科技园形成合作，给予本校学生参观科技园的实训机会，并配备人员为学生进行专门的讲解和指导，同时为有良好创业想法但缺乏资金的学生提供基础的创业资金支持。这种创新创业教育方式能够更好地让学生将所学知识转化为创业能力，把理论与实践结合起来，提升实践能力。

第二，基地与政府合作创办的学生创业项目。良好的创新创业气氛的确立离不开人们正确的“创业”思想以及社会大众的广泛参与。以南京财经大学为例，它们大力支持该校学生开展创业项目，如该校创办的“创新创业项目进园区”计划，可以让大学生在创业园区中孵化自己的创业项目，在他们毕业期间，由专家对这些创业项目进行评定，评为优秀的可以获得学校以及政府的支持，如初步创业资金、免费办公场地以及创业技能培训和全程指导等。

总的说来，创新创业教育基地的创建是一项庞大而复杂的工作，想要真正落实好创新创业教育就目前来看有两条道路行得通。一是自上而下的道路，意思就是先在本校范围内创建创新创业教育实践基地，然后对各个部门进行细致的划分，把本校内已经有的创业创新资源收纳到里面。二是自下而上的道路，意思是从学校学生自发组织的创新创业协会组织、校外第二课堂、创新创业策划书竞赛起步，然后开设几门与创新创业教育相关的课程，并设立相应的教学管理部门，搭建创新创业教育平台。

（三）创业实践

教育一定要为社会提供服务，这是大家主张的学以致用的思想。实践教学是提升实践水平的关键步骤。大学生要给社会带来福音，一定要迈向社会。学校要建立创新创业实践运作系统，构建实践教学基地，使每名学生均可以具体动手，付诸实践，具有单独思索及评判的水平。除依托学校的具体实践，还要强化校企间协作，开拓校外培训平台，借助假期进行社会活动等。学校可借助实际的公司背景，让学生感受实际工作的辛酸苦辣，培养学生的实践能力、动手能力、创新能力，强化他们对创新创业的坚定信念。因此，创新创业教育实践步骤，绝不可以滞留于课堂里，抑或进行几次培训、讲座之上，要强化实践教学步骤，积极助推感受式教学模式，让大家边进行理论学习边动手践行、边积极创业，借助校企协作的形式，积极建立学生实践、有效就业的整体服务平台，使大家顺利迈入社会，全方位实现创新人才培育，这是提升创新创业教育实际效果的不二之选。

首先，推行大学生创新创业实训内容及开展科目比拼。高校应推进建立创新创业教育模式，要培养具备创新思想及创业水平的高素养人才，就必须积极推进创新创业实训规划内容及科目比拼，打造创新气氛，培育并提升学生的创新创业水平。大学生创新创业实训规划项目涵盖着创新实训内容、创业实训内容及创业践行内容三个方面。大学生创新创业实训规划内容是推进创新创业践行实训的关键平台。学校可以借助项目推行，提升创新创业培训水平，提高学生的实践水平及在创新前提下的创业水平，培育创新型人才。学校可以将培养学生创新思想及提高创业水平纳进专业科目比拼中，积极组织大家参加各种科目比赛、能力比拼、“挑战杯”国内大学生创业大赛、“创业新星”比赛等比赛及各种创新活动，提升大家创新创业水平。

其次，锐意推进学生科研培训和大学生素养培育及素质开拓行为。把科研培训内容当作平台，指引学生加入教师推动的科研内容分析；引导学生的科研行为，强化对学生创新思想、措施及水平的培育。同时，认真动员学生参加技术创新节等第二课堂技术文化活动；支持并强化创新创业类学生群体构建，养成学生的团结思想；构建创新创业平台，力邀有名的教育家、成功人士来校内给学生开讲座，邀请校友回校组织论坛。全方位强化大学生技术“三下乡”、社会观察等一系列丰富的实践行为，增加学生的创新创业内容，助推学生在社会实践中茁壮成长，做一个对社会有用的人。

最后，扶持大学生自行择业，依靠社会推进各种实践行为。扶持大学生创新创业活动（积极自主创业），在参加创新创业实践培训的前提下，根据项目对接等形式建立学生自行创业群体，为学生自行创业供应场地、计算学分等及提供硬件等背景支持，给学生自行创业内容提供一定的引导，推进创新教育及创业实践融合化教学模式。注重借助校外的资源，与公司、地方机关协作，从而填补资源欠缺的缺陷。适度支持教学院（系）跟别的院校、企事业单位等社会组织协作开展创新创新创业的竞赛及实践活动。鼓舞学生走进社会，积极推动各类创新创业实践类活动，如大学生自主创业等。

三、加强创新创业教务的服务支撑

（一）培育创业文化，植根创新精神

创新创业教育要借助所有的宣传途径，在课堂内外、家庭、学校均彰显创新创业教育的巨大魅力，在理论及实践方面融入创新创业思想，实现全方位的培育要求。除此之外，还要树立积极的创新创业典型，鼓励、扶持创新创业且获得成功的学生，让学生胸怀高尚的追求，切实彰显个性，鼓励进取性的创新举动，如此，积极创新创业的气氛方可逐渐确立起来。

高等院校创新创业教育的有序推进，要对创业及创新的追求、对失败的容纳、对创业所处社会背景的精准衡量。在高校创新创业教育的外层氛围里，社会背景虽属于内嵌的并不是非常明显的，然而它往往看不见摸不着，是可以带来相当深远影响的制约因素。这一类因素涵盖了技术理论、社会思想、心理现状及社会追求等各个层面。高等院校创新创业教育的有序推进，既要求对创新的追求、社会观念的改变、实践感受的注重，又要求专业教育的加入。政府要靠着各种新闻传媒，积极宣扬创业的各个方面，持续打造鼓舞并包容学生自行创业的舆论气氛，并构建社会整体价值评判要求。在专业教育里面，积极提升

学生实践水平及培育学生创新思想，并且联系实践行为、伦理道德及心理等有关方面强化学生承受挫折的能力，培育刚强及独立等良好思想素质，提高精神及文化的鼓舞效果。在活动过程中注重对学生本身的干预及悟性，在课堂上注重学生创新思想的培育，这样将有利于大学生创新创业教育的平稳、有序进行。

（二）设立专职创新创业教育管理机构

创新创业教育系统庞大而复杂，需要家庭、学校、政府、社会以及企业的共同协作努力，这些都是大学生创新创业的影响因素，并且良好的社会认可、政府提倡以及积极的学校行动都将营造良好的创新创业教育氛围。创新创业教育应当纳入整个社会大环境。学校应当和企业结成良好的长期合作伙伴关系，既能获取一定的创新创业基金支持，又能为本校学生提供实践机会；应当与成功的企业家、成功创业的校友取得联系，让他们为本校学生传授创新创业的经验。高校除了努力开发校外资源，还应当从本校内部着手，设立专职创新创业教育管理机构，专门负责学生的创新创业工作，使创新创业教育的覆盖面不断扩大，直至覆盖全校。

专职创新创业教育管理机构的设置有利于增加学校创新创业支持基金。在校大学生尚未走上社会，没有经济来源，不少有创业想法的学生苦于资金的问题而无法开展创业活动，而我国对于高校创新创业资金的投入少之又少。因此，专职的创新创业教育管理机构便显得尤为重要。它可以通过多种渠道的融资，如发动民间协会以及慈善组织或公益性基金会的力量，为在校学生的创新创业活动提供初步资金支持，更重要的是由专职的创新创业教育管理机构出面与校外的企业进行沟通，有助于与它们达成合作伙伴关系，争取它们对学生创新创业活动的支持，不仅是创新创业资金方面的支持，更重要的是为学校学生提供创新创业活动的实践机会。

专职创新创业教育管理机构可以承担起学校对创新创业支持政策的研究工作，这对于大学生的创新创业大有裨益，能够让他们更好地利用创新创业政策，提高有创新创业想法的大学生创业的成功概率。此外，专职的创新创业教育管理机构还能够弥补创新创业政策研究的空缺，方便及时根据学生的实际需求推出相关的支持政策，并且能够更好地对国家相关创新创业政策进行上传下达，在做好学生创新创业工作方面更有保障。

（三）强化师资队伍的培养

要提升学生的创新创业思想及水平，就需要教师的指引，因材施教，把传授创新创业内容当作前提，把提升创新创业水平当作核心，把培育创新创业理念当作关键。通过设立创新创业必修课、模拟创新创业实践的课外课、宣传创业成绩的背景课，设立感受式教学环境，学生可以把握根本程序和措施，搞清相关政策法规，提升创新创业的热情和积极性，提高社会责任感。

创新创业师资队伍构建，要有效划分理论及实践型教师之间的比重，师资队伍的年龄大小、学历现状等具体情况。除了这些，还必须重视以下几个方面。

第一，关注高校早已确立的创新创业教育师资，发动创新创业教育中坚力量展开创业实践。借助实践行为，教师可以强化对创业的理解，在传授课程的时候，可以较为清楚地将创业历程呈现出来。教师处理创业突发情况的成功做法，照样可以当作案例纳入教学里来。除此之外，在创业经历中，教师可以让理论获得检验及升华，给学生的创业实践行为提供更科学的意见。另外，创业实践还可以提供创新创业教师互相学习及交流的机遇，如专家培训及讲座、专业研讨会等。这一学习必须超越文化、超越学校、超越区域，如此可以让教师的认识及感受更加充实，在这一昂扬奋进的气氛里也可以鼓舞教师的斗志，且助推自身的进步。这一进步可以体现于课堂之内，也必然在科研及学术层面显现出来，从而构建合理的创新创业师资衡量系统。借助“以评促建”的举措，助推师资构建，因此对衡量指标的挑选需要有相当高的水平。除去一般的学术文章及作品、增加学生数目、确立衡量体系之外，教师引导学生创业团体或学生创业内容的数目及品质、培育的学生创业率怎样也应当是重点思考的指标。

第二，重视高校后续的创新创业教育师资。整体而言，国内创新创业教育师资较少有通过完整的专业培训及学习的，换句话说，出身科班且具备一定创新创业实践经验的师资相当欠缺。针对这一点，本书有三个层面的想法。首先，构造创新创业视角，然而这一模式培育出的学生大部分难以进入高等院校。其次，构造本科层面的创新创业专业，然而改进培育规划、科目构造、教材等情况在短时间内很难处理好，推进有相当大的难度。这两类模式是国外在创新创业教育渐趋发展后，培育学生借助的模式。国外的教师大部分是博士或者经验极为丰富的人员。最后，共同培养，即把有创新创业优良科目及实践内容的高校联合起来，建立整体培育举措。这既有助于培育人才，又能够依托人才交流使诸高校联系起来。针对表现优秀且乐意进行高等院校创新创业教育工作的人员，提供公费外派学习深造的机会，归来之后安排工作。不过，不管何种形式，培养师资肯定要耗费时间。跟自国外引入人才比起来，第三种更合乎现实。

培育学生创新创业思想及水平，其基础是教师必须具有优良的创业思想及水平。唯有在本身具备了某种创业思想以后，教师才能够逐步在社会实践及学校课程里摄取创新创业教育的精华，才能够把创业理念融进常态的教学行为中，切实把创新创业理念贯彻至每堂课，渐趋培育学生的创新思想及理念，助推学生确立更完备的创新创业素养。因此，教师要紧跟社会的脚步及形势，第一时间搞清、学习且把握优秀的教学模式，积极对教学科目及内容加以变革，让学校切实给国家、社会培养优秀的人才。所以，学校要对教师在创业层面给予专业的、完备的培训，引入合理的创业教育类的师资，进一步建立高水平的创业教师群体。

四、完善创新创业教育的评估机制

高校创新创业教育是一项系统工程，它受很多因素的影响。为了对创新创业教育的成效进行合理的评估，本书根据高校创新创业教育的特点、目标、内容等，再结合学生的特性，列出四种创新创业教育的评估指标，具体如下。

（一）学校评价

学校是开展创新创业教育的主要阵地。对学校创新创业教育开展情况进行评价的主要指标包含学校环境和教学质量两个方面。

第一，学校环境。学校环境是高校对创新创业教育重视程度和支持力度的反应，分为硬件环境和软件环境。硬件环境主要包括学校在创新创业教育方面投入的资金、基础设备等物质性支持措施，软件环境主要包括学校在支持学生创新、推广创业、不怕失败方面营造的创新创业氛围，并采取一定的相关政策和措施调动学生对创新创业的积极性，这是创新创业教育的内在精神保障。具体的评价指标是学校内部以及外部的创新创业实践基地数量、学校召开的创新创业主体的研究讨论会议、学校举办的商业竞赛次数、学校开展的创新创业经验交流会的数量、学校内部的创新创业学生组织的数量以及创新创业成果的转化比例等。

第二，教学质量。教学是落实创新创业教育的重要环节，对教学的评价主要体现在课程安排以及教学手段上。具体的指标是创新创业类理论课程的开设数量、创新创业实践的开展次数、创新创业情景模拟的展开数量、实践课程的学时数目、拥有实际创新创业经验或企业经营管理经验的教师占比、优秀企业家和成功创业校友的讲座次数、教师发表的创新创业教育学术论文的数量、学生对创新创业教育教学的反馈意见以及满意程度等。

（二）企业评价

高校创新创业教育的蓬勃开展离不开企业的大力支持，对企业创新教育支持情况进行评价主要考虑校企合作和创业园区这两点。首先，创业园区。具体的评价指标包含创业园区、创业孵化园等提供给高校大学生的创新创业实践机会以及创新创业项目的数量，创业园区为高校学生创新创业活动提供的场地、设备以及咨询帮助的情况，创业园、孵化园为高校学生举办的创新创业指导和培训的次数等。其次，校企合作。高校与企业之间形成良好的合作伙伴关系能够为创新创业教育的发展提供强有力的支持，也是对企业进行评价的重要指标，主要包括企业为学生提供的创新创业科研项目的数量、企业能为高校学生提供的创新创业实习与实践机会的数量、学生的创新创业想法和科技创新创业成果在企业中的成功转化率等。

（三）政府评价

对于政府支持力度的评价主要考虑三个方面的内容。第一，政策信息。政府为创新创业教育提供政策支持、市场指导等具有必不可少的作用。具体的指标包括政府对创新创业教育支持的政策发布及实施状况、对政府推出的有关创新创业政策的解读以及咨询情况，如是否顺利推广相关政策信息，宣传过程中是否实事求是等。此外，还包括当地的创新创业氛围以及市场对创业活动的接受程度等。第二，经费投入。创新创业教育的发展离不开政府资金的投入，具体的指标包含对创新创业教育资金的投入占全部教育总资金投入的比重，对创新创业类比赛活动的资金投入状况，以及政府投资创建高校创新创业教育基地的数目等。第三，金融支持。这主要是指银行对高校创新创业项目的优惠贷款政策，基金会、风投组织对学生创业活动的支持数量等，社会金融组织对高校学生创新创业项目推广以及对接的情况，金融机构为高校学生创业活动提供的信息咨询、技术指导、人才培训次数的情况。

（四）学生评价

高校学生是创新创业教育的主要对象，他们的创业行为直接反映了高校创新创业教育效果的优劣。实际上，高校学生创业的成功率受到多方面因素的影响，因此对学生的创新创业活动进行评价的时候也要考虑到以下几点。第一，学生背景。主要指学生的家庭背景、成长经历、学历等。主要从以下指标进行评价：有创业思想、创新精神、冒险态度的学生占全校总学生人数中的比重，拥有创业实践经验或是在大企业中实习经历的学生占总学生人数的比重，毕业后有意愿进行自主创业的学生人数比重，有企业经营管理经验的学生比重。第二，学生表现。每一位成功的创业者都有一些相似之处，如拥有一些共通的优秀品质，或是拥有一些先天的天赋能力，或是通过后天教育培养出的品质。主要可以通过以下指标来进行评价：学生在创新创业课程中的出勤情况，学生创新创业成果的转化以及增加数量，参与创业实践活动的次数，参加科技创新创业实践类竞赛或是科研学生的所占比重，参与创业模拟竞赛、商业策划书竞赛的学生比重；等等。

参考文献

[1] 邓如涛 . 新常态下高校创新创业教育研究 [M]. 成都：电子科技大学出版社 ,2017.

[2] 张晓娟 , 李春琴 . 大学生创新创业教育研究 [M]. 北京：兵器工业出版社 ,2018.

[3] 侯力红 , 姬春林 . 互联网＋大学生创新创业教育研究 [M]. 北京：科学技术文献出版社 ,2017.

[4] 李志永 . 日本高校创业教育 [M]. 杭州：浙江教育出版社 ,2010.

[5] 徐小洲 , 叶映华 . 中国高校创业教育 [M]. 杭州：浙江教育出版社 ,2010.

[6] 牛长松 . 英国高校创业教育研究 [M]. 上海：学林出版社 ,2009.

[7] 本书编写组 . 党的十九大报告辅导读本 [M]. 北京：人民出版社 ,2017.

[8] 刘海春，谢秀兰，娄会东，等 . 中外创新创业教育理论与实践 [M]. 广州：广东高等教育出版社 ,2016.

[9] 董晓红 . 高校创业教育的理论与实践 [M]. 济南：山东人民出版社 ,2013.

[10] 梅伟惠 . 美国高校创业教育 [M]. 杭州：浙江教育出版社 ,2010.

[11] 黄兆信 , 王志强 . 地方高校创业教育转型发展研究 [M]. 杭州：浙江大学出版社 ,2013.

[12] 耿丽微 , 赵春辉 , 张子谦 . 高校大学生创新能力培养与创业教育研究 [M]. 成都：电子科技大学出版社 ,2017.

[13] 宋天华 . 地方高校大学生创业教育研究 [M]. 成都：电子科技大学出版社 ,2015.

[14] 徐章辉 , 刘帆 . 中国高校创业教育体系发展研究 [M]. 北京：中国青年出版社 ,2011.

[15] 徐小洲 , 李志永 . 创业教育 (普通高校版)[M]. 杭州：浙江教育出版社 ,2009.

[16] 傅兆麟 , 谢红霞，兰希秀 .(普通高校大学生创业与成功教育教程 [M]. 合肥：中国科技大学出版社 ,2009.

[17] 裴小倩 , 严运楼 . 高校创新创业教育协同机制研究 [M]. 上海：上海交通大学出版社 ,2018.

[18] 丁琰 . 地方应用型高校创新创业教育与实践研究 [M]. 延吉：延边大学出版社 ,2018.
[19] 吴金秋 . 中国高校“融入式”创新创业教育 [M]. 哈尔滨：黑龙江人民出版社 ,2013.
[20] 李凌己 . 中国高校创业教育满意度研究 [M]. 北京：清华大学出版社 ,2017.
[21] 李林杰 . 高校创新创业教育人才培养体系构建的路径探究 [J]. 中国多媒体与网络教学学报 (上旬刊),2020(4):121-122.
[22] 刘丽红 , 曲霞 . 论高校创新创业教育与劳动教育的同构共生 [J]. 中国青年社会科学 ,2020,39(1):103-109.
[23] 许丹丹 . 思想政治教育引领高校创新创业教育研究 [J]. 学校党建与思想教育 ,2019(23):86-87,90.
[24] 李陈青 . 高校创新创业教育与专业教育的融合发展研究 [J]. 福建商学院学报 ,2019(4):90-94,100.
[25] 宣晓 , 段文奇 . 供给侧改革背景下应用型高校创新创业教育人才生态化培养模式 [J]. 教育与职业 ,2019(15):84-90.
[26] 钟磊 , 袁媛 . 高校创新创业教育的价值定位、现实困境及策略选择 [J]. 黑龙江高教研究 ,2019(4):121-125.
[27] 王丽燕 , 王建萍 . 高校创新创业教育师资队伍建设的现状、困境及对策 [J]. 职业教育研究 ,2019(3):49-53.
[28] 宋元明 .“双一流”背景下高校创新创业教育改革 [J]. 中国成人教育 ,2019(2):47-49.
[29] 舒喆醒 , 王俊玲 , 王悦 , 等 . 普通高校创新创业教育课程体系的构建 [J]. 创新与创业教育 ,2019,10(1):35-39.
[30] 卢扬奎 . 高校创新创业教育面临的困境及拓展路径探索——以广西民族大学为例 [J]. 学校党建与思想教育 ,2019(4):59-61.
[31] 李亚东 , 朱伟文 . 高校创新创业教育评价监测研究 [J]. 中国高教研究 ,2019(01):48-52.
[32] 贾建锋 , 姚旭生 . 高校创新创业教育评价体系设计——基于消费者导向评价模式理论的视角 [J]. 东北大学学报 (社会科学版),2019,21(1):82-88,95.
[33] 张琤 , 常晓明 , 陈伟 . 地方高校创新创业教育实施策略研究与实践 [J]. 教育理论与实践 ,2018,38(36):9-11.
[34] 温娜 , 田献宗 . 地方高校创新创业教育课程设置现状研究 [J]. 黑龙江教育 (理论与实践),2018(12):9-11.

[35] 陈国海 . 国外高校创新创业教育与专业教育融合实践研究 [J]. 临沂大学学报 ,2018,40(6):100–107.
[36] 闫利利 , 曲波 . 高校创新创业教育的关键问题与现实对策 [J]. 教育与职业 ,2017(22):62–67.
[37] 陶军 . 高校创新创业教育研究综述 [J]. 昆明理工大学学报 (社会科学版),2017,17(2):83–88.
[38] 黄兆信 . 推动我国高校创新创业教育转型发展 [J]. 中国高等教育 ,2017(7):45–47.
[39] 李爱民 , 夏鑫 . 高校创新创业教育与专业教育优化融合模式探析 [J]. 中国成人教育 ,2017(1):49–51.
[40] 史进玲 . "互联网 +" 视域下高校创新创业教育模式的构建 [J]. 中国现代教育装备 ,2017(5):71–74.
[41] 廖琪丽 , 孟秀霞 . 高校创新创业教育模式的实践探索 [J]. 学校党建与思想教育 ,2017(4):74–75,93.
[42] 曾骊 , 张中秋 , 刘燕楠 . 高校创新创业教育服务 "双创" 战略需要协同发展 [J]. 教育研究 ,2017,38(1):70–76,105.
[43] 钱骏 . 高校创新创业教育的问题反思与路径选择 [J]. 高等职业教育探索 ,2016,15(6):5–9.
[44] 刘荣 . 美日大学创新创业教育的特点及启示 [J]. 学校党建与思想教育 ,2017(3):94–96.
[45] 闫海波 . 我国高校创新创业教育的应用性误区及其超越 [J]. 教育发展研究 ,2016,36(23):80–84.
[46] 刘颖 . "互联网 +" 视野下高校创新创业教育研究 [J]. 职业技术教育 ,2016,37(35):37–40.
[47] 赵会利 . "双创" 背景下高校创新创业教育课程体系的构建 [J]. 中国成人教育 ,2016(22):100–103.
[48] 李旭辉 , 胡笑梅 , 汪鑫 . 高校创新创业教育效果评价体系研究——基于群组 G1 法的分析 [J]. 教育发展研究 ,2016,36(21):29–36.
[49] 崔玉平 . 高校创新创业教育改革的经济意义和行动条件 [J]. 南京师大学报 (社会科学版),2016(5):85–93.
[50] 王俊 . 国内外高校创新创业教育的比较与借鉴 [J]. 创新与创业教育 ,2016,7(4):99–103.

[51] 张赢盈，李乐，张福利．我国高校创新创业教育面临问题及解决途径探析[J].中国大学生就业,2016(6):60-64.

[52] 刘鹏，李川，陈建．中美高校创新创业教育比较研究[J].教育评论,2016(1):78-81.

[53] 王占仁．中国高校创新创业教育的学科化特性与发展取向研究[J].教育研究,2016,37(3):56-63.

[54] 张彩霞．教育供给侧改革下高校创新创业教育对策研究[D].哈尔滨：黑龙江大学,2018.